W0271135

Das hCG Kochbuch

Wichtiger Hinweis für alle Leserinnen und Leser:

Die in diesem Buch veröffentlichten Inhalte und Ratschläge wurden von der Autorin und dem Verlag mit größter Sorgfalt recherchiert, erarbeitet und überprüft. Eine Garantie für die Inhalte kann jedoch weder von der Verfasserin noch vom Verlag übernommen werden. Des Weiteren wird eine Haftung von Seiten des Verlages sowie der Verfasserin ausgeschlossen für irgendwelche Sach-, Personen- und Vermögensschäden, die sich bei der Anwendung der Informationen in diesem Buch ergeben sollten. Jede Leserin und jeder Leser sollte mit seiner Gesundheit und den Informationen in diesem Buch verantwortungsbewusst umgehen und sich bei Beschwerden und Krankheiten rechtzeitig therapeutischen Rat einholen.

Anne Hild:
Das hCG Kochbuch

info@j-kamphausen.de

Coverfoto: ©vichie81 | Fotolia.com
Abbildungen: Fotolia.com, iStockphoto.com, Shutterstock.com, Anne Hild, Hans Lindner-Emden (*Einzelbildnachweis s. Anhang*)
Buchgestaltung: Claudia Schlutter | sichtbar gestaltet
Druck: mediaprint, Paderborn

www.weltinnenraum.de

7. Auflage 2015

Bibliografische Information der Deutschen Nationalbibliothek:
Die Deutsche Nationalbibliothek verzeichnet diese Publikation in der Deutschen Nationalbibliografie; detaillierte bibliografische Daten sind im Internet über http://dnb.d-nb.de abrufbar.

ISBN 978-3-89901-890-5

ANNE HILD

Das hCG Kochbuch

Leckere Rezepte für die Diät- und Stabilisierungphase der beliebten Stoffwechselkur

AURUM

MEZCLUM
18,00 $
LECHUGA

eservas
1 42 52 78

Liebe Leserin, lieber Leser,

nachdem mein Buch »Die hCG Diät« ein so großer Erfolg geworden ist, wofür ich mich an dieser Stelle bei Ihnen ganz herzlich bedanken möchte, bekam ich eine große Zahl von Anfragen mit der Bitte um noch mehr schmackhafte Rezepte, nicht nur für die Diätphase, sondern auch für die Zeit unmittelbar nach der Diät, die sogenannte Stabilisierungsphase.

Da ich leidenschaftlich gerne koche und auch gerne Neues ausprobiere, habe ich mit der Zeit viele einschlägige Rezepte gesammelt. In diesem Buch möchte ich Ihnen diese Rezepte vorstellen, aber auch Rezepte, von denen einige schon seit Jahren zu meinen absoluten Lieblingen gehören und die sich ebenfalls für die Diät oder die Phase danach eignen.

Bei den Rezepten für die Diätphase habe ich darauf geachtet, dass sie nur die Lebensmittel enthalten, die für die Diät geeignet sind. Es ist sicher für manchen eine Herausforderung, Speisen zuzubereiten, wenn die Zahl der geeigneten Lebensmittel nur eingeschränkt ist. Zudem fällt während der Diätphase jegliches Fett weg. Fett ist aber ein wichtiger Geschmacksträger. Um die Speisen trotzdem lecker zu kochen, ist es deshalb wichtig, viel mit Gewürzen zu arbeiten. Hier kommen auch exotische Gewürze und Gewürzmischungen zum Einsatz. Aber keine Sorge, alle Gewürze lassen sich im Supermarkt oder in einem Asia-Laden kaufen.

Die Arbeit an diesem Kochbuchs wie die Auswahl der passenden Rezepte und natürlich das Einkaufen auf Wochenmärkten hat mir riesigen Spaß gemacht. Das Fotoshooting im Frühling auf Mallorca war eine ganz neue Erfahrung für mich und hat mir gezeigt, wie aufwändig und arbeitsintensiv Food-Fotografie ist. Bei der Auswahl der Fotos habe ich darauf geachtet, dass sie Appetit machen und aussagekräftig sind. Das war mir wichtiger als schön dekorierte Tische mit zahlreichen schmückenden Accessoires, auf denen die gekochten Speisen nur noch Nebensache sind.

Mein Wunsch ist, dass Sie mit diesen Rezepten die Diät genießen und sich bei Ihnen mit der Zeit ein anderes, gesünderes Essverhalten herausbildet, dass Ihnen zu einem dauerhaften Wohlfühlgewicht verhelfen kann.

Dazu sollen auch die Rezepte in der Stabilisierungsphase beitragen. Ich habe bei ihnen bewusst auf die Kalorienangaben verzichtet. Denn es geht nach der Diät nicht mehr darum, Kalorien zu zählen, sondern ein Gefühl für die richtige Zusammenstellung der Nahrung zu bekommen.

Die Rezepte der Stabilisierungsphase eignen sich natürlich nicht nur für die Zeit unmittelbar nach der Diät, sondern sollen auch Anregungen für eine kohlenhydrat-

arme Ernährung bieten. Sie lassen sich dauerhaft gut in das persönliche Küchenrepertoire integrieren.

In meinem Buch »Die hCG Diät« gehe ich sehr ausführlich auf die Theorie und auch die Entwicklung der Diät ein. Deshalb werde ich hier nur einen kurzen Überblick geben. Genug, damit Sie die Diät ohne Probleme durchführen können. Wenn Sie mehr über die Hintergründe wissen möchten, empfehle ich Ihnen mein Buch »Die hCG Diät«.

Ich wünsche Ihnen viel Spaß beim Nachkochen und viel Erfolg bei Ihrer hCG-Diät und der Zeit danach!

Ihre Anne Hild

Mein Wunsch ist, dass Sie mit diesen Rezepten die Diät genießen und sich bei Ihnen mit der Zeit ein anderes, gesünderes Essverhalten herausbildet, das Ihnen zu einem dauerhaften Wohlfühlgewicht verhelfen kann.

Wie funktioniert die hCG-Diät?

Alle wichtigen Informationen zur Stoffwechselkur, damit Ihre Diät ein voller Erfolg wird.

Wie funktioniert die hCG-Diät?

Vor über 60 Jahren entwickelte der britische Arzt Dr. A.T. Simeons ein sensationelles Abnehmprogramm. In 16-jähriger Forschungsarbeit hatte Simeons herausgefunden, dass der Schlüssel zur Fettleibigkeit im Zwischenhirn liegt, in einer Hirnregion, in der sich Thalamus und Hypothalamus befinden. Dr. Simeons' größte Entdeckung war es, dass Übergewicht durch eine Art »Fehlfunktion« im Gehirn mit verursacht wird.

Könnte es sein, dass das Problem der epidemieartig wachsenden Zahl von übergewichtigen Menschen auf eine Fehlfunktion des Hypothalamus zurückzuführen ist? Eine Entdeckung, die die bisherigen Lehrmeinungen über Fettleibigkeit revolutioniert hat.

Der Hypothalamus sorgt für die Kommunikation zwischen den einzelnen Hormonen und dem zentralen Nervensystem. Er steuert über den Stoffwechsel, wie viel Fett im Körper gespeichert wird. Im Hypothalamus befinden sich darüber hinaus die Schaltkreise für die Steuerung der Emotionen und Triebe sowie unser ›Sättigungszentrum‹, welches den Appetit steuert und die Menge der Nahrungsaufnahme regelt.

Simeons identifizierte die hormonähnliche Substanz hCG, die im Stoffwechselprozess eine wichtige Rolle spielt. hCG ist die Abkürzung für ›humanes Choriongonadotropin‹. Es ist ein Botenstoff, der im Körper jeder Frau und jedes Mannes vorkommt. Frauen produzieren in der Schwangerschaft besonders viel dieser hormonähnlichen Substanz, um die gesunde Entwicklung des ungeborenen Lebens zu fördern.

Begleitend zu einer Diät eingesetzt, wirkt hCG auf der Ebene der Hypophyse und des Hypothalamus auf die hormonellen Regelkreise. hCG beeinflusst den Stoffwechsel, sodass der Körper mit Fettspeichern anders umgeht. Besonders die ›Problemzonen‹ Bauch, Oberschenkel und Hüfte werden angeregt, ihr Fett freizusetzen. Fett, an das mit üblichen Diäten oder auch intensivem Sport nur sehr schwer heranzukommen ist. Diese Zusammenhänge hat Dr. Simeons entdeckt und daraus ein Diät-Programm entwickelt. Er musste das Hormon noch täglich als Spritze verabreichen. Das ist sicher nicht jedermanns Sache. Jetzt steht mit speziell aufbereiteten Tropfen eine günstige und einfache Alternative zur Spritzenkur zur Verfügung.

Es wurden mit energetisierenden Verfahren inzwischen Tropfen entwickelt, die nur die Information von hCG tragen, aber ohne das Hormon selbst auskommen.

Einige Zeit gab es niedrig potenzierte homöopathische Tropfen oder Globuli (beginnend mit einer D4-Potenz), die noch minimale Dosen der Substanz enthielten. Wegen der Gefahr von unerwünschten Nebenwirkungen (Arzneimittelprüfung) warne ich davor, höhere Potenzen, wie z.B. C30 für die Diät zu verwenden. Um uns die positive Wirkung beim Abnehmen zunutze zu machen, ist aber die ›bloße Information‹ von hCG völlig ausreichend. Deshalb wurden inzwischen auch völlig hormonfreie Tropfen entwickelt, die in energetisierenden Verfahren hergestellt werden.

Wie sinnvoll sind Nahrungsergänzungen?

Unterstützend zu den Tropfen sollten zusätzlich Vitalstoffpräparate eingenommen werden, die wichtige Vitamine, Mineralien und Spurenelemente enthalten. Ich empfehle Ihnen, alle Nahrungsergänzungsmittel und Vitamine in natürlicher Form einzunehmen und darauf zu achten, nur qualitativ hochwertige Vitaminpräparate zu verwenden. Diese können die Diät positiv unterstützen. Als kraftvolles Antioxidans kann beispielsweise OPC, auch bekannt als Traubenkernextrakt, verwendet werden. Für die Entgiftung eignen sich zudem Substanzen wie Chlorella, Spirulina oder MSM (organischer Schwefel).

Schluss mit dem Jo-Jo-Effekt!

Der Jo-Jo-Effekt macht unzähligen Übergewichtigen das Leben schwer. Dieser Effekt greift auf einen Körpermechanismus zurück, der in der Steinzeit unseren Vorfahren das Überleben sicherte.

Damals fanden die Menschen nur selten Nahrung. Das erlegte Wild konnte schwer konserviert werden und musste daher schnell verzehrt werden. Für kurze Zeit stand also Nahrung im Überfluss zur Verfügung, gefolgt von längeren Hungerperioden.

Unser Körper hat daraus gelernt. Er hat also immer noch ein »Steinzeitgedächtnis« und erkennt eine Hungerphase (heute in Form einer Diät). Während einer solchen Diätphase regelt er den Stoffwechsel herunter, um möglichst wenig Fett abzubauen. Wird nach der Diät wieder normal gegessen, reagiert der Körper erneut und speichert jetzt möglichst viele Kalorien, um für die nächste Hungerphase gewappnet zu sein.

Dieses Steinzeitgedächtnis unseres Körpers ist der Grund dafür, weshalb viele Menschen nach einer Diät sofort wieder zunehmen und dann zum Teil sogar mehr Gewicht haben als vor der Diät.

Obwohl sich die Zeiten geändert haben und wir die Nahrungsnotzeiten zum Glück nicht mehr erleben, gibt es in uns leider immer noch dieses jahrtausendealte Programm, das es uns schwer macht, an die überflüssigen Fettpolster heranzukommen.

Unser Körper hat ein ›Steinzeitgedächtnis‹ und erkennt eine Hungerphase heute in Form einer Diät. hCG überlistet in gewisser Weise den Körper, indem es auf Regionen im Gehirn einwirkt, die für den Stoffwechsel, die Fettverbrennung und das Sättigungsgefühl zuständig sind.

Mit hCG in Verbindung mit einer Niedrigkaloriendiät gelingt nun genau dies. In der Diät wird hartnäckig gespeichertes Körperfett freigesetzt und steht dem Körper in Form von Kalorien und Nährstoffen zur Verfügung. Bei diesem Fett handelt es sich um das sogenannte ›Notstandsfett‹, also Fett, dass der Körper mit seinem Steinzeitgedächtnis für eine eventuell eintretende Hungersnot gerne speichern würde.

hCG überlistet in gewisser Weise den Körper, indem es auf Regionen im Gehirn einwirkt, die für den Stoffwechsel, die Fettverbrennung und das Sättigungsgefühl zuständig sind.

hCG lässt die Fettreserven wegschmelzen, die sich jeder anderen Diät so hartnäckig verweigern. Es hilft, die überflüssigen Pfunde an den Problemzonen loszuwerden. Mit dieser Diät können Sie in drei Wochen bis zu rund 10% Ihres Körpergewichts verlieren (Frauen ca. 8–10%, Männer 10–12%). Selbstverständlich können auch Männer die Diät machen. Sie ist sowohl für Frauen als auch für Männer geeignet.

Hier kurz zusammengefasst die positiven Effekte:

- Der Gewichtsverlust ist schneller als bei jeder anderen Diät.
- Die lästigen, oft hartnäckigen überschüssigen Fettpolster an Bauch, Po, Oberschenkeln und Oberarmen werden abgebaut anstatt Wasser und Muskelmasse.
- Große Hungergefühle bleiben aus.
- Die Leistungsfähigkeit und die gute Laune bleiben erhalten.
- Die Körperkonturen werden gestrafft.
- Die Haut wird zart und geglättet.

HINTERGRUND JO-JO-EFFEKT

Bevor wir an die hartnäckigen Fettdepots herankommen, verlieren wir Wasser und magere Muskelmasse, die als Erstes nach einer Diät wiederaufgebaut werden. Dies führt aber zum sogenannten ›Jo-Jo-Effekt‹, das heißt, der Körper schaltet auf Sparflamme und verringert die Stoffwechseltätigkeit.

Besonders wirkungsvoll ist dieser Effekt bei Frauen: Da sie durch das Gebären und Stillen für das Überleben der Spezies so wichtig sind, schützt die Natur sie in besonderem Maße, indem vermehrt Fett, Wasser und Natrium im Bindegewebe gespeichert werden. Versuchen sie dann, über eine Verringerung der Nahrungsmenge abzunehmen, weiß ihr Körper nicht, ob sie es freiwillig tun oder gerade eine Hungersnot herrscht – und er entscheidet sich für den ›Schutz vor dem Verhungern‹.

Auch heute noch signalisiert unser Gehirn ›Nahrungsknappheit‹, sobald wir die Kalorienzufuhr senken, selbst wenn wir jede Menge Fettreserven haben. Sobald wir nach einer Diät wieder normal essen, behält der Körper wohlweislich sein Sparprogramm bei, um für die nächste ›Notzeit‹ gewappnet zu sein. Dieser Teufelskreis steigert sich mit jeder Diät, bis der Körper gelernt hat, mit minimaler Kalorienzufuhr auszukommen.

Wie man heute weiß, ist es auf Dauer nicht zielführend, einfach die Kalorienmenge zu reduzieren; ganz im Gegenteil, man sollte möglichst nicht die Menge einschränken, sondern langfristig darauf achten, das Richtige zu essen. Die Stoffe, die die Insulinproduktion am stärksten beeinflussen, also einen hohen glykämischen Index haben, sollten gemieden werden. Je höher der glykämische Index ist, desto schneller steigt der Blutzuckerspiegel an.

Anleitung für die hCG-Diät

Die hCG-Diät dauert normalerweise drei Wochen (21 Tage). Sie kann aber auch bis zu sechs Wochen und länger gemacht werden. Die beiden Tage vor Diätbeginn gelten als Vorbereitungsphase. In den drei Wochen nach der Diät, der sogenannten Stabilisierungsphase, geht es darum, das Gewicht gut im Blick zu behalten und den Abnehmerfolg zu stabilisieren.

Abbildung Die drei Phasen des hCG-Abnehmprogrammes

Kern der hCG-Diät ist ein speziell entwickelter Ernährungsplan mit geringem Kalorienanteil von 500 Kalorien pro Tag. Der Rest des täglichen Kalorienbedarfs von insgesamt rund 1.500 bis 2.000 Kalorien nimmt sich der Körper aus den Fettreserven. Während der Diät verzichtet man auf Zucker, Alkohol und weitgehend auf Fett und Kohlenhydrate. In diesem Buch finden Sie Listen mit geeigneten Lebensmitteln für die Diätphase. Begleitend zur Diät werden die Tropfen eingenommen.

In der Diät-Phase können Sie 8–12% Ihres Körpergewichts abnehmen (Frauen etwas weniger, Männer etwas mehr). Gewichtsreduktionen von 7–10 Kilo in drei Wochen sind möglich! Verlängern Sie die Diätphase auf insgesamt sechs Wochen, können Sie bis zu 18 Kilo Gewicht verlieren.

Die Diät kann, solange Sie sich gut fühlen, auch länger als 6 Wochen gemacht werden. Oder man macht nach 6 Wochen erst einmal eine Pause von mehreren Wochen und startet dann erneut mit der Diät.

Ohne die Tropfen würden Sie die 500-Kalorien-Diät wahrscheinlich nicht durchhalten. Sie würden zwar abnehmen, hätten aber ständig Hunger, wären müde, schwach und schlecht gelaunt.

Die Vorbereitungstage

Unmittelbar vor Beginn der Diät liegt die zweitägige Vorbereitungsphase, die sogenannten Schlemmertage. Auch wenn es paradox klingt, an diesen beiden Tagen geht es nur um eines: viel zu essen, um den Stoffwechsel richtig anzukurbeln.

Essen Sie an den beiden Vorbereitungstagen möglichst fettreiche Lebensmittel, die vor allem gute und gesunde Fette enthalten, wie Olivenöl, Nüsse, Avocados oder Lachs. Sie sollen an diesen Tagen möglichst viel Energie aufnehmen. Die eingenommenen Kalorien sind wichtig, um den Stoffwechsel anzukurbeln und um in der ersten Woche eventuell aufkommende Hungergefühle zu reduzieren. Machen Sie sich keine Sorgen, wenn Sie in den ersten beiden Tagen ein oder zwei Kilo zunehmen. Sie werden sie innerhalb kürzester Zeit wieder los.

An Tag 1 beginnen sie mit der täglichen Einnahme der Tropfen und eines geeigneten Vitaminpräparates zur Versorgung mit lebensnotwendigen Vitaminen, Spurenelementen und Mineralien. Nehmen Sie die Tropfen und die Vitamine die nächsten 21 Tage täglich ein.

Stellen Sie sich am Morgen des ersten Tages auf die Waage und notieren Sie Ihr aktuelles Gewicht. Wiegen Sie sich ab jetzt an jedem Morgen nach dem Aufstehen und schreiben Sie Ihre Abnehmerfolge auf.

Messen und notieren Sie mit einem Maßband einmal pro Woche Ihre Körpermaße (Hüfte, Taille etc.).

Sie sollten sich während der Diät immer zur gleichen Zeit wiegen (z.B. nach dem Aufstehen und dem Gang zur Toilette, am besten unbekleidet oder in ähnlicher Kleidung, z.B. T-Shirt). Verwenden Sie eine moderne Waage. Die meisten elektronischen Waagen haben eine Genauigkeit von 0,1 kg.

Vielleicht möchten Sie Ihre Ausgangssituation auf einem Foto festhalten; am besten in Badekleidung von vorne und von der Seite aufgenommen.

Sie sollen an diesen Tagen möglichst viel Energie aufnehmen. Die eingenommenen Kalorien sind wichtig, um den Stoffwechsel anzukurbeln

Die Diätphase

Die Diätphase von insgesamt 21 Tagen ist das Herzstück der hCG-Diät. Sie schließt sich unmittelbar an die beiden Vorbereitungstage an. Die Diät hat einfache Regeln:

- 500–800 Kalorien pro Tag
- kein Fett
- kein Zucker
- kaum Kohlenhydrate
- kein Alkohol

Wenn Sie die Diät für einen Tag unterbrechen müssen oder ›sündigen‹, kann dies einen Rückschlag bedeuten. Kehren Sie so schnell wie möglich zum Diät-Plan zurück.

Machen Sie nach zwei unmittelbar aufeinander folgenden Diätphasen eine Pause, bevor Sie eine dritte beginnen.

Sollten Sie Ihr Wunschgewicht schon vor Ende der ersten Diätphase erreicht haben, setzen Sie die Diät fort, erhöhen aber die tägliche Kalorienzahl. Die Körperzellen benötigen die 21 Tage, um das neue ›Programm‹ zu integrieren.

Tagesablauf während der Diät

NACH DEM AUFSTEHEN

- Wiegen Sie sich und notieren Sie Ihr Gewicht, **1. Dosis Tropfen.**
- Frühstück: Geeignet sind z.B. 1 Apfel oder 1 Orange oder 1/2 Grapefruit.
- Trinken Sie ggf. Kaffee oder Tee (ohne Milch und Zucker, ggf. mit erlaubten Süßungsmitteln und 1 TL fettreduzierter Milch).

MITTAGESSEN

- **2. Dosis Tropfen**
- 100 g Proteine (Fleisch, Fisch oder ein anderes erlaubtes Protein), Salat oder Gemüse

ZWISCHENDURCH

- 1 Obst oder als Snack 1 Scheibe Knäckebrot oder 1 Grissini sind geeignet.

ABENDESSEN

(Empfehlung: nicht zu spät, wenn möglich bis 19:00 Uhr)

- **3. Dosis Tropfen**
- 100 g Proteine (Fleisch, Fisch oder ein anderes erlaubtes Protein), Gemüse

Wahl der geeigneten Lebensmittel

Verwenden Sie ausschließlich die Lebensmittel, die für die Diät geeignet sind. Alle Lebensmittel, die nicht ausdrücklich empfohlen sind, sind ungeeignet!

Benutzen Sie eine Küchenwaage, um die Mengen abzuwiegen. Wiegen Sie alle Lebensmittel in frischem Zustand.

Essen Sie kein Fett (z.B. Butter, Öl, Olivenöl, Margarine, Milch). Bereiten Sie alle Mahlzeiten fettfrei zu (z.B. Grillen, Braten in der Teflonpfanne, Garen im Römertopf oder in Alufolie).

Die Liste der geeigneten und ungeeigneten Lebensmittel basiert auf den Angaben der Originaldiät von Dr. Simeons. Sie sind viele Jahre von Dr. Simeons getestet und für die Diät als geeignet befunden worden. Da er die Diätanweisung aber bereits in den 50er Jahren des vergangenen Jahrhunderts entwickelte, waren ihm viele moderne Lebensmittel (z.B. fettarmer Hüttenkäse) und die Erkenntnisse der modernen Ernährungswissenschaft noch nicht bekannt.

Verwenden Sie für Ihre Mahlzeiten ausschließlich die Lebensmittel, die für die Diät geeignet sind und die Sie auf den Listen finden. Alle Lebensmittel, die nicht ausdrücklich erlaubt sind, sind ungeeignet und können den Erfolg der Diät schmälern. Mit dem heutigen Wissen und dem erweiterten Angebot von Lebensmitteln kann die ursprüngliche Liste der geeigneten Lebensmittel um einige Nahrungsmittel erweitert werden. Zur besseren Unterscheidung wurden die ›ebenfalls geeigneten Lebensmittel‹ jeweils hinter der Originalliste von Dr. Simeons aufgeführt.

Integrieren Sie immer nur eines der »ebenfalls geeigneten Lebensmittel« und beobachten Sie am nächsten Tag Ihr Gewicht. Nicht alle Menschen reagieren gleich auf bestimmte Nahrungsmittel. Fügen Sie nur die ebenfalls geeigneten Lebensmittel hinzu, mit denen Sie sich gut fühlen und auch weiterhin abnehmen.

Wenn Sie die Diät unterbrechen müssen oder ›sündigen‹, kann dies einen Rückschlag bedeuten. Kehren Sie so schnell wie möglich zum Diät-Plan zurück.

Proteine

Verwenden Sie frisches, mageres Fleisch, Geflügel, Fisch, Tofu oder ab und zu mageren Quark, Hüttenkäse oder Joghurt. Entfernen Sie bei Fleisch alles sichtbare Fett und die Haut.

Essen Sie jeden Tag zu zwei Mahlzeiten Proteine (mittags und abends). Essen Sie je 100 g Proteine (Fleisch/Fisch oder andere Proteine) pro Mahlzeit.

Lassen Sie keine Protein-Mahlzeit aus und reduzieren Sie nicht die Menge. Proteine sind sehr wichtig für den Muskelaufbau. Wenn Sie nicht ausreichend Proteine zu sich nehmen, lagern Sie Wasser ein und verringern dadurch den Gewichtsabbau.

Wenn Sie sich vegan oder vegetarisch ernähren, können Sie das Eiweiß durch ein geeignetes Aminosäuren-Präparat (z.B. Acht Aminos) oder einen natürlichen Proteindrink aus pflanzlichen Proteinen ohne Soja und Molke ersetzen. Bezugsquellen finden Sie im Anhang.

GEEIGNET laut Originaldiät nach Dr. Simeons
RINDFLEISCH
Filet
mageres Steak
mageres Rindfleisch
Tartar
Roastbeef
Bündnerfleisch
KALBFLEISCH
Filet
Schnitzel
GEFLÜGEL
Hühnerbrust
Putenbrust
Putenschnitzel
FISCH
weißer, fettarmer Fisch
Kabeljau
Heilbutt
Seezunge
Dorade
Hecht
Zander
MEERESFRÜCHTE
Scampi, Garnelen, Krabben
Miesmuscheln
Venusmuscheln
Austern
Tintenfischringe

Ebenfalls geeignet	UNGEEIGNET
SCHWEIN	**SCHWEINEFLEISCH**
Filet	Schinken
mageres Schweineschnitzel	Wurst
EIER	**GEFLÜGEL**
als Omelette mit zwei Eiweiß und einem Eigelb	Gans
FETTARME MILCHPRODUKTE	Ente
Hüttenkäse, mager	**LAMM**
Frischkäse, mager	**FETTREICHER FISCH**
Quark, mager	Hering
Joghurt, mager	Lachs
TOFU	Aal
Lopino *(Lupinen-Tofu)*	Makrele
FISCH	Thunfisch in Öl
Thunfisch, frisch oder in Lake *(nicht in Öl)*	geräucherter *oder* in Öl eingelegter Fisch
Seeteufel	**NICHT FETTREDUZIERTE MILCHPRODUKTE**
MEERESFRÜCHTE	Sahne
Jakobsmuscheln	Käse

Gemüse + Salat

Verwenden Sie frischen Salat und Gemüse, wenn möglich aus biologischem Anbau. Tiefgefrorenes Gemüse ist erlaubt, Dosengemüse ist ungeeignet.

Die empfohlene Menge ist ca. 100 g (Frischware) pro Mahlzeit. Bei Gemüse sind die Regeln allerdings nicht so streng. Sie können auch mehr Gemüse pro Mahlzeit essen, sollten dann allerdings darauf achten, dass Sie die Gesamtkalorienzahl von 500–800 kcal pro Tag nicht überschreiten.

Essen Sie mittags vorzugsweise Salat und am Abend eher Gemüse zu Ihren Proteinen. Abends ist Salat schwerer verdaulich.

GEEIGNET laut Originaldiät nach Dr. Simeons
SALAT
Kopfsalat
Eisbergsalat
Rucola
GEMÜSE
Chicorée
Chinakohl
Fenchel
Frühlingszwiebeln
Mangold
Paprikaschoten
Salatgurke
Spargel *(weiß oder grün)*
Spinat
Stangensellerie
Tomaten
Weißkohl
Rotkohl
Zwiebeln

Ebenfalls geeignet
GEMÜSE
Rosenkohl
Grünkohl
Wirsing
Kohlrabi
Zucchini
Aubergine
Knollensellerie
Petersilienwurzel
Pak Choi
Grüne Bohnen
Mungosprossen
Radieschen
Rote Bete
Meerrettich
PILZE
Champignons
Shitake
Austernpilze

UNGEEIGNET
GEMÜSE
Avocado
Kartoffeln
Mais
Karotten
Kürbis
HÜLSENFRÜCHTE
Erbsen
Linsen
weiße Bohnen

Obst

Verwenden Sie frisches Obst, wenn möglich aus biologischem Anbau; Dosenfrüchte sind ungeeignet. Essen Sie Obst tagsüber, nicht abends und nicht nach dem Abendessen.

GEEIGNET laut Originaldiät nach Dr. Simeons
Apfel (sauer)
Orange
Erdbeere
Ebenfalls geeignet
Grapefruit
Heidelbeere
Rote Johannisbeere
Papaya
Rhabarber

UNGEEIGNET
Banane
Ananas
Weintraube
Kirsche
Pfirsich
Aprikose
Birne

Getränke

Trinken Sie ausreichend Flüssigkeit (mindestens 2 Liter/Tag).

GEEIGNET laut Originaldiät nach Dr. Simeons
WASSER
Mineralwasser ohne Kohlensäure
Quellwasser
KAFFEE
schwarz *(1 TL fettarme Milch tgl. möglich)*
TEE
Schwarzer Tee
Grüner Tee
Mate-Tee
Wu-Long-Tee *(auch Oolong-Tee)*
Kräuter-Tee

UNGEEIGNET
Alkohol
Obstsaft
Limonade
Milch

Gewürze

Würzen Sie möglichst mit frischen Kräutern. Wenn Sie gerne scharf essen, umso besser. Scharfes Essen regt den Stoffwechsel an.

GEEIGNET laut Originaldiät nach Dr. Simeons
Apfelessig
Balsamico-Essig *(zuckerfrei)*
Cayennepfeffer
Curry
Dijon-Senf *(zuckerfrei)*
Erythritol *(zuckerähnlich, ohne Kalorien)*
Garam Masala *(indische Gewürzmischung)*
Gelbwurzel *(Kurkuma)*
Gemüsebrühe *(fettfrei, hefefrei)*
Grüne Kräuter *(frisch und getrocknet)*
Ingwer
Kreuzkümmel *(Cumin)*
Limettensaft
Meerrettich *(frisch oder zuckerfrei aus dem Glas)*
Paprikapulver
Pfeffer *(schwarz und weiß)*
Safran
Salz *(Meersalz oder Himalaya-Salz)*
Sambal Oelek *(zuckerfrei)*
Sojasoße
Stevia
Tabasco
Tomatenmark *(zuckerfrei)*
Wasabi *(japanischer grüner Meerettich)*
Zimt
Zitronenpfeffer
Zitronensaft

UNGEEIGNET
Glutamat
Geschmacksverstärker
fertige Würzsoßen *(z.B. Maggi)*
fertige Gewürzmischungen mit Zucker, Hefe, Fett
Aspartam *(kommt in Süßstoffen vor)*
Zucker

Tipps für die Diätphase

Einige Menschen haben vor allem während der ersten Woche der Diät etwas Hunger. Ein Grund hierfür kann u.a. sein, dass die Vorbereitungstage nicht konsequent durchgeführt wurden. Es ist deshalb wichtig, die beiden ›Schlemmertage‹ ernst zu nehmen.

Machen Sie sich den Unterschied zwischen Hunger und dem Gefühl eines leeren Magens bewusst. Durch die Niedrig-Kalorien-Diät ist die Menge an Nahrungsmitteln, die Sie täglich zu sich nehmen, gering. Ihr Magen wird also nicht vollständig gefüllt sein. Wenn Sie trotzdem Hunger spüren, verteilen Sie die Tropfeneinnahme über den Tag (6 x 5 Tropfen statt 3 x 10) und trinken Sie ab und zu eine Tasse heißen Tee. Besonders geeignet sind Wu-Long- und Mate-Tee.

Sorgen Sie für ausreichend Bewegung und frische Luft. Joggen, Yoga oder Gymnastik sind sehr gut. Meiden Sie hingegen sehr anstrengende Sportarten.

Meiden Sie, neben den ungeeigneten Lebensmitteln, auch alles andere, was Fette und Zucker enthalten könnte (z.B. Kaugummi, Hustensaft, Halstabletten). Lesen Sie die Packungsbeilagen mit den Inhaltsstoffen genau durch. Nehmen Sie keine zusätzlichen Appetitzügler zu sich.

Legen Sie während der Diätphase eventuell einen »Apfeltag« ein, insbesondere, wenn Sie einige Tage hintereinander nicht mehr abnehmen. Essen Sie an diesem Tag nichts anderes als sechs Äpfel.

Meiden Sie fett- oder ölhaltige Pflegemittel, Sonnenschutzcremes und fettige Kosmetika. Verwenden Sie Feuchtigkeitspflege ohne Fett, z.B. Aloe-Vera-Gel, Sonnenpflege ohne Fett. Lippenstift, Wimperntusche und Make-up-Puder sind geeignet.

Nehmen Sie 1–2-mal wöchentlich ein Basenbad, um die Entgiftung über die Haut zu fördern. Basenbäder sind eine sehr effektive Methode, Säureschlacken und Gifte direkt über die Haut auszuscheiden.

Gehen Sie regelmäßig in die Sauna. Das entschlackt den Körper zusätzlich und regt den Stoffwechsel an.

Es sind derzeit keine Hinweise oder Berichte über Wechselwirkungen zwischen den Tropfen und Medikamenten bekannt. Sollten Sie während der Diät Beschwerden haben, die länger als drei Tag andauern, beraten Sie sich mit Ihrem Arzt.

Es sind derzeit keine Hinweise oder Berichte auf Wechselwirkungen zwischen den Tropfen und Medikamenten bekannt. Die Diät kann aber bei einigen Menschen u.a. körperliche Nebenwirkungen haben, da sich die Essgewohnheiten erheblich ändern.

Die Einnahme der Pille zur Empfängnisverhütung ist während der Diät möglich. Fangen Sie mit der Diät erst nach der monatlichen Periode an.

Die Diät kann bei einigen Menschen u.a. körperliche Nebenwirkungen haben, da sich die Essgewohnheiten erheblich ändern.

- Kopfschmerzen: Vor allem während der ersten Woche. Wenn Sie Kopfschmerzen bekommen, trinken Sie mehr oder machen Sie einen Spaziergang an der frischen Luft.

- Leichte Schwindelgefühle: Sie verschwinden in der Regel nach der ersten Woche. Meiden Sie größere Anstrengungen, seien sie körperlicher oder psychischer Natur.

- Leichte Muskelschmerzen, die sich wie Muskelkater anfühlen: Das Dahinschmelzen des überschüssigen Fettes macht die Muskel zu lang, sie müssen sich erst an die neue Situation anpassen. Bewegen Sie sich und treiben Sie leichten Sport, dann vergeht dieses Gefühl sehr schnell wieder.

- Verstopfung: Während einer Niedrigkalorien-Diät ist es völlig normal, dass sich der Stuhlgang verlangsamt. Dies ist noch keine Verstopfung. Stuhlgang alle 3–4 Tage ist während der Diät durchaus normal.

Die Stabilisierungsphase

Ziel der drei Wochen nach der Diät ist es, das erreichte Gewicht zu halten und den Stoffwechsel wieder zu normalisieren.

Sie nehmen jetzt keine Topfen mehr ein und erhöhen langsam wieder die aufgenommene Kalorienanzahl pro Tag. Sie sollten weiterhin für eine sinnvolle Nahrungsergänzung sorgen.

Am Anfang der Stabilisierungsphase gewöhnen Sie Ihren Körper langsam daran, wieder mehr zu essen. Essen Sie regelmäßig, damit Ihr Blutzuckerspiegel konstant bleibt.

Integrieren Sie nach und nach wieder Lebensmittel, die Sie in der Diätphase gemieden haben, und achten Sie darauf, nicht an Gewicht zuzunehmen.

In der Stabilisierungsphase nehmen Sie keine Tropfen mehr ein und erhöhen langsam wieder die aufgenommene Kalorienanzahl pro Tag.

Tipps für die Stabilisierungsphase

Beobachten Sie genau, ob Sie Ihr Gewicht halten können. Dazu wiegen Sie sich weiterhin jeden Morgen. Solange Sie nicht mehr als 1 Kilo zunehmen, ist alles in Ordnung.

Sobald Sie am Morgen merken, dass Sie mehr als 1 Kilo zugenommen haben, sollten Sie sofort reagieren. Dazu gibt es mehrere Möglichkeiten:

Dr. Simeons empfiehlt:
Verzichten Sie an diesem Tag auf Frühstück und Mittagessen. Trinken Sie viel. Essen Sie zum Abendessen nur ein Rindersteak mit einem Apfel oder einer Tomate. Sonst nichts! Es ist sehr wichtig, dass Sie sofort reagieren und nicht erst am nächsten Tag die Mahlzeiten ausfallen lassen. Am nächsten Tag ist es ungemein schwerer, wieder zu Ihrem Gewicht zurückzukehren. Dieser Vorschlag ist nicht jedermanns Sache.

Ich habe noch einen Tipp, der Ihnen zu einer langfristigen Stabilisierung Ihres Gewichts verhelfen kann und darüber hinaus ein wahrer Jungbrunnen ist: die 6:1 Methode.
Diese Methode ist für mich ein gangbarer Weg nach der Diät und eignet sich hervorragend für die Stabilisierungsphase und ganz generell für die Zeit nach der hCG-Diät. Die Idee kommt aus Großbritannien. Forscher aus Manchester haben sie entwickelt, und bekannt geworden ist das ›Intermittent Fasting‹, das sogenannte Intervallfasten, bereits vor einigen Jahren. Das Prinzip ist ganz einfach: 6 Tage die Woche können Sie normal essen, und an einem Tag pro Woche essen Frauen maximal 500, Männer 600 kcal. Man könnte auch sagen, Sie essen 6 Tage eine gesunde Küche, ohne Kalorien zu zählen, und den restlichen Wochentag machen Sie die Diät, allerdings ohne Tropfen.

Da Sie ja bereits bestens mit der Aufnahme von nur 500 kcal täglich vertraut sind, fällt Ihnen diese Form der Ernährung wahrscheinlich nicht schwer. Die Rezepte aus dem Buch helfen Ihnen dabei, auch an diesen Tagen lecker zu essen. Zur Langzeitstabilisierung eignet sich Intervallfasten bestens.

Ursprünglich wurde das Ernährungsmodell für Frauen mit hohem Brustkrebsrisiko entwickelt. Es soll nicht nur die Cholesterinwerte, sondern auch den Blutdruck senken. Ein weiterer positiver Effekt ist, dass durch Kalorieneinschränkung eine Verjüngung der Zellen stattfindet, also Anti-Aging im besten Sinne.

Wenn Sie noch etwas weiter abnehmen möchten, können Sie die 5:2-Methode anwenden – fünf Tage lang normal essen und 2 Tage lang 500 bzw. 600 kcal.

Es ist absolut nicht sinnvoll, in der Stabilisierungsphase die Diät fortzusetzen!
Denken Sie daran, dass das Ziel dieser Phase ist, Ihren Stoffwechsel zu stabilisieren.

Gewicht halten ohne Jo-Jo-Effekt

- Essen Sie nur die benötigte Kalorienmenge pro Tag, die Ihrem Alter und Ihrer körperlichen Aktivität entspricht. Tabellen hierzu finden Sie im Internet. Eines ist ganz klar: Essen Sie dauerhaft mehr Kalorien, als Sie verbrennen, nehmen Sie unweigerlich wieder zu. Sie werden mit der Zeit ein gutes Gefühl dafür bekommen, was Ihrem Körper guttut.

- Probieren Sie nach der Diät das Intervallfasten mit der 6:1-Methode aus.

- Essen Sie täglich eine ausgewogene Auswahl von Proteinen, Gemüsen, Früchten und Kohlenhydraten.

- Ohne Wasser läuft im Organismus nichts. Trinken Sie mindestens 1,5–2 Liter stilles Mineralwasser oder Quellwasser am Tag.

- Meiden Sie Fast Food, fette Speisen, Süßigkeiten und sonstige Dickmacher.

- Wechseln Sie täglich die Speisen, sonst gewöhnt sich der Körper schnell an immer gleiches Essen und kann es dadurch schlechter verwerten. Die Folge ist eine Verlangsamung des Stoffwechsels und ein Stocken der Gewichtsabnahme. Also überraschen Sie sich mit immer wieder mit neuen Speisen und Variationen.

- Essen Sie regelmäßig und lassen Sie keine Mahlzeit ausfallen. Ihr Blutzucker sollte möglichst konstant bleiben. Meiden Sie Lebensmittel mit einem hohen glykämischen Index, wie Zucker, Weißmehl, Nudeln, die den Blutzuckerspiegel stark steigen lassen. Der Körper muss daraufhin vermehrt Insulin ausschütten.

- Empfehlenswert ist eine Kost mit niedrigem glykämischen Index. Der Glykämische Index ist ein Maß zur Bestimmung der Wirkung eines kohlenhydrathaltigen Lebensmittels auf den Blutzuckerspiegel. Er gibt in Zahlen die blutzuckersteigernde Wirkung der kohlenhydrathaltigen Lebensmittel an. In der Regel wird man folgende Werte für den glykämischen Index finden: Schlecht ist ein Wert, der größer als 70 ist, mittlere Werte findet man zwischen 50 und 70, gut ist alles unter 50.

Zur Langzeitstabilisierung eignet sich Intervallfasten mit der 6:1-Methode bestens: 6 Tage die Woche können Sie normal essen und an einem Tag pro Woche essen Frauen maximal 500, Männer 600 kcal.

- Vorsicht vor ›Transfettsäuren‹, wie sie in Margarine, billigen Speiseölen, Backwaren, Chips, vielen Fertigprodukten und Gegrilltem vorkommen. Wichtig ist das Verhältnis von Omega-6-Fettsäuren zu Omega-3-Fettsäuren. Es sollte in etwa bei 1:5 liegen. Bei den meisten Menschen ist das Verhältnis umgekehrt. Es fehlen die so wichtigen Omega-3-Fettsäuren. Es handelt sich dabei um mehrfach ungesättigte Fettsäuren, sie kommen in frischem Fisch, vor allem in Makrele und Lachs, in Leinsamen, Leinöl, Rapsöl und Krill vor.

- Verwenden Sie Olivenöl und Butter und zum Braten hochwertiges Kokos- oder Rapsöl. Leinöl oder Weizenkeimöl sind besonders wertvolle Öle. Geben Sie ein paar Tropfen über Ihr Müsli.

- Anstelle von Zucker können Sie Erythritol, Xylitol, Stevia oder Agavendicksaft verwenden. Erythritol ist ein natürlicher, zahnfreundlicher Zuckerersatz. Er hat keine Kalorien und auch der glykämische Index ist null. Erythritol wird aus nicht gentechnisch veränderten Pflanzen gewonnen. Er schmeckt wie Zucker, sieht aus wie Zucker und hat keinen bitteren Beigeschmack. Die Süßkraft beträgt ca. 70% derjenigen von normalem Zucker. Leider ist Erythritol noch teuer.

- Eine Glutenunverträglichkeit ist weitverbreitet und sorgt für Unwohlsein. Gesprosstes Getreide wie es z.B. im Essener Brot vorkommt, wird oft besser vertragen als Vollkornbrot. Beim Essener Brot wird durch den Keimvorgang das Lecitin vollständig abgebaut, wodurch es von jeder Blutgruppe und auch von Weizen- und Glutenallergikern sehr gut vertragen wird. Getoastetes Brot ist übrigens bekömmlicher als frisches Brot. Mittlerweile gibt es bei vielen Bäckereien auch Low-Carb- oder Eiweiß-Brot. (Ein Rezept zum Selberbacken finden Sie im Rezeptteil.)

- Ihre Nahrung sollte möglichst milchfrei sein. Verwenden Sie statt Milch im Kaffee lieber einen kleinen Schuss Sahne. Und essen Sie statt Margarine besser Butter.

- Salate, Gemüse und Obst sollten einen Großteil der Nahrung ausmachen. Bei den meisten Menschen ist zudem die Behauptung richtig, dass sie zu viel Fleisch essen, welches oft noch mit Hormonen und anderen Stoffen belastet ist. Eine Ausnahme bilden Veganer oder Vegetarier, die aber oft zu wenig Eiweiß zu sich nehmen. Hochwertiges Eiweiß findet sich übrigens auch in Pflanzen wie Linsen, Kichererbsen, Bohnen, Nüssen, Eiern, Spirulinaalgen und gesprosstem Getreide.

- Ausreichend Bewegung hat nicht nur einen positiven Effekt auf das Immunsystem, sondern auch auf das hormonelle Gleichgewicht, senkt den Blutzuckerspiegel und stärkt das Selbstbewusstsein. Wählen Sie dazu eine Sportart, die Ihnen dauerhaft Spaß macht.

- Einmal am Tag sollten Sie Ihren Kreislauf in Schwung bringen, möglichst an der frischen Luft. Das kurbelt den Stoffwechsel an und sorgt für eine Verbesserung des Allgemeinbefindens. Dabei sind kurze anstrengende Phasen, die sich mit einem moderaten Ausdauertraining abwechseln, empfehlenswerter als lange anstrengende Belastungen.

Durch die hCG-Diät haben Sie gelernt, Ihre Gewohnheiten langfristig zu ändern. Sie werden feststellen, dass Ihr Verlangen nach Zucker und stärkehaltigen Lebensmitteln nachgelassen hat und Sie dadurch viel mehr Energie zur Verfügung haben.

Mit der Diät haben Sie den Grundstein für ein neues, dauerhaft schlankes und gesundes Leben gelegt. Sie kennen jetzt das Geheimnis des wirksamen Abnehmens.

Ich wünsche Ihnen für die Zukunft viel Gesundheit und Freude!

Ihre Anne Hild

Mit der Diät haben Sie den Grundstein für ein neues, dauerhaft schlankes und gesundes Leben gelegt. Sie kennen jetzt das Geheimnis des wirksamen Abnehmens.

Ausführliche Informationen finden Sie in meinem Buch »Die hCG Diät«, 148 Seiten, 14,95 (D), Aurum Verlag 2011

Alle Produkte zur Diät finden Sie in dem Onlineshop www.hormonyshop.de

Die Diätphase – 21 Tage mit je 500 Kalorien

Wie Sie mit der Auswahl der geeigneten Lebensmittel während der Diätphase jede Menge schmackhafte Mahlzeiten zaubern können, zeigt Ihnen diese Rezeptsammlung.

Selleriesuppe mit Apfel

2 Portionen, 140 kcal pro Portion

ZUTATEN

- 300 g Knollensellerie mit Selleriegrün, klein gewürfelt
- 1 Zwiebel, klein gewürfelt
- 1 großer, säuerlicher Apfel, ca. 200 g, geschält, in Scheiben geschnitten
- 2 EL Weißweinessig
- 500 ml Gemüsebrühe
- 3 Wacholderbeeren
- 1 Becher fettarmer Joghurt
- Salz und Pfeffer

1 Zwiebeln, Sellerie und die Hälfte der Apfelscheiben in einem beschichteten Topf andünsten. Mit Weißweinessig und 5 Esslöffel Wasser ablöschen und einkochen lassen. Die Gemüsebrühe dazugießen. Bei mittlerer Hitze zugedeckt 15 Minuten weiter kochen lassen.

2 Wacholderbeeren sehr fein hacken, Selleriegrün fein schneiden.

3 Gemüse fein pürieren. Danach die restlichen Apfelscheiben dazugeben. Noch einmal aufkochen. Mit Salz, Pfeffer und Wacholderbeeren würzen. Joghurt unterheben. Die Suppe mit Selleriegrün bestreuen und servieren.

Asia-Kohlsuppe

2 Portionen, 105 kcal (mit Fleisch ca. 227 kcal) pro Portion

ZUTATEN

- 1 kleiner Weißkohl, in Scheiben geschnitten, ca. 400 g
- 1 große Zwiebel, geschnitten
- 1 Knoblauchzehe, fein gehackt
- 1 kleines Stück Ingwer, fein geschnitten
- 1 Chilischote, halbiert, entkernt und in feine Ringe geschnitten
- 2 Tomaten, gewürfelt
- 500 ml fettfreie Gemüsebrühe
- frischer Koriander oder Schnittlauch, fein geschnitten
- Salz und Pfeffer

Wahlweise 200 g Rinderhack, Shrimps oder Hühnchenbrust

1 Zwiebel und Knoblauch in einem Topf mit etwas Gemüsebrühe andünsten.

2 Wenn Sie die Suppe mit Fleisch essen, dann Hackfleisch dazugeben und mit den Gewürzen anbräunen.

3 Geschnittenen Kohl, Tomaten und Gemüsebrühe dazugeben und kochen, bis der Kohl weich ist. Mit Salz und Pfeffer abschmecken und mit frischem Koriander oder Schnittlauch servieren.

TIPP

Dieses Rezept reicht für 2 Portionen, kann aber gut in größeren Mengen zubereitet werden, da die Suppe sich einige Tage im Kühlschrank hält. Wenn es schnell gehen soll, kann man anstelle des Weißkohls auch Sauerkraut verwenden.

Zucchinicremesuppe

2 Portionen, 80 kcal pro Portion

ZUTATEN

- 2 Zucchini, klein gewürfelt
- 1 Zwiebel, klein geschnitten
- 400 ml fettfreie Gemüsebrühe
- 1/2 Bd. frische glatte Petersilie oder frische Kresse, feingehackt
- 1 Prise frisch geriebener Muskat
- 50 g Frischkäse (0,2% Fett)
- Salz und Pfeffer

1 Zwiebel in einen Topf geben und dünsten, bis sie leicht glasig ist.

2 Zucchini dazugeben und anrösten. Gemüsebrühe dazugeben und 20 Minuten weiter kochen lassen.

3 Vom Herd nehmen und den Frischkäse einrühren.

4 Suppe mit dem Pürierstab pürieren, mit Salz, Pfeffer und Muskat abschmecken und mit glatter Petersilie oder Kresse garnieren.

TIPP

Die Suppe lässt sich auch aus Fenchel (1 Fenchel) oder Sellerie (Sellerieknolle) machen. Dazu passen frische Shrimps oder Fisch, die Sie in einer Pfanne fettfrei anbraten und zusammen mit der Suppe servieren können. Eventuell einen Spritzer Balsamico-Essig in die Suppe geben.

Tomaten-suppe

1 Portion, 84 kcal pro Portion

ZUTATEN

- 100 g frische Tomaten, gewürfelt
- 50 g Tomatenmark
- 6 Blätter frisches Basilikum, gehackt
- 1 Knoblauchzehe, fein gehackt
- 2 EL Zwiebeln, fein gehackt
- 1 TL getrockneter Oregano
- 1 Prise Majoran
- Salz und Pfeffer

1 Alle Zutaten, bis auf das Basilikum, in einen Topf geben und zum Kochen bringen. 20 Minuten köcheln lassen. Wenn nötig, etwas Wasser dazugeben.

2 Mit dem Stabmixer fein pürieren. Mit Salz und Pfeffer abschmecken. Basilikum unterheben und mit einem Basilikumblättchen garniert servieren.

TIPP

Dazu passen Garnelen, Streifen von Hühner- oder Putenbrust. Man kann sie, kurz angebraten, vor dem Servieren in die Suppe geben.

Asiatische Fischsuppe

2 Portionen, 232 kcal pro Portion

ZUTATEN

- 300 g gemischter Fisch oder Meeresfrüchte, grob gewürfelt
- 1 Stange Zitronengras, in feine Streifen geschnitten
- 1 Fenchelknolle, in feinen Streifen
- 2 Tassen Chinakohl, in feinen Streifen
- 2 Frühlingszwiebeln, in feine Ringe geschnitten
- 1 Knoblauchzehe, fein gewürfelt
- 1 EL Sojasoße
- 1/2 cm Ingwer, fein geschnitten
- 1/2 TL Sambal Oelek
- Safranfäden oder -pulver
- 1/4 bis 1/2 TL rotes Thaicurry, je nach Schärfe
- 1 Spritzer Limettensaft
- 1/2 l Gemüsebrühe
- frischer Koriander, gehackt
- Salz und Pfeffer

1 Gemüsebrühe in einem Topf erhitzen. Alle Zutaten bis auf den Fisch bzw. die Meeresfrüchte und den Koriander in die Brühe geben und 10 Minuten köcheln lassen.

2 Dann Fisch und Meeresfrüchte zugeben und weitere 7 Minuten leise köcheln lassen. Mit Salz und Pfeffer abschmecken.

3 Koriander waschen und trocken schütteln, Blätter abzupfen, in die Fischsuppe geben und servieren.

Wärmende Hühnersuppe mit Fenchel

2 Portionen, 122 kcal pro Portion

ZUTATEN

180 g Hühnerbrust
1 St. frischer Ingwer, sehr fein gehackt
1 Zwiebel, würfelig geschnitten
1 Bd. Suppengrün (ohne Karotte), in Würfel geschnitten
1 Fenchelknolle, in Würfel geschnitten
600 ml Gemüsebrühe
Salz und Pfeffer
1/2 Bd. Schnittlauch, in feine Röllchen geschnitten

1 Hühnerbrust, Ingwer, Suppengrün und Fenchel mit der Gemüsebrühe in einen Topf geben und in 20 Minuten weich kochen.

2 Mit Salz und Pfeffer würzen und mit Schnittlauch bestreut servieren.

TIPP

In der Stabilisierungsphase können Sie das Rezept für 4 Personen mit einem ganzen Bio-Suppenhuhn machen. Suppenhuhn und Suppengrün inkl. Karotten in 3 Liter Gemüsebrühe kurz aufkochen und 3 Stunden mit geschlossenem Deckel köcheln lassen.

Apfel-Sellerie-Dip

1 Portion, 65 kcal pro Portion

ZUTATEN

- 100 g Frischkäse, fettreduziert (0,2 % Fett)
- 1 Stange Staudensellerie, geputzt und fein gehackt, Grün ebenfalls fein gehackt
- 1 mittlerer Apfel, fein gewürfelt.
- 1/4 TL Currypulver

1 Currypulver mit 2 Esslöffel warmem Wasser verrühren. Frischkäse dazugeben und cremig verrühren.

2 Angemachten Frischkäse mit Äpfeln, Sellerie und Selleriegrün (etwas für die Garnitur zurückbehalten) mischen. Eventuell noch etwas Wasser dazugeben.

3 Mit Salz und Pfeffer abschmecken und mit Selleriegrün bestreuen.

Obatzter mit Frischkäse

4 Portionen, 50 kcal pro Portion

ZUTATEN

- 4 Scheiben Knäckebrot
- 200 g fettarmer Frischkäse (0,2% Fett)
- 1/2 Bd. Radieschen, in feine Scheiben geschnitten
- 3 Gewürzgurken, fein gewürfelt
- 1/2 Bd. Schnittlauch, in feine Röllchen geschnitten
- 1 Box Kresse, aus der Box geschnitten
- 1 EL Weißweinessig
- 1/2 TL gemahlener Kümmel
- 1/2 EL Paprikapulver, edelsüß
- Salz und Pfeffer

1 Alle Zutaten mit dem Frischkäse verrühren und mit Essig, Kümmel, Paprikapulver, Salz und Pfeffer würzen.

2 Auf einem Knäckebrot servieren.

TIPP

Man kann den Obatzter als Dip mit frischen Gurken, Fenchel- oder Selleriestangen oder auch mit einem gemischten Salat essen.

Italienischer Dip

1 Portion, 47 kcal pro Portion

ZUTATEN

- 50 g fettarmer Frischkäse (0,2 %)
- 10 g getrocknete Tomaten, sehr fein geschnitten
- ein paar Blätter frisches Basilikum, fein gehackt
- 1 Prise Cayennepfeffer
- Salz und Pfeffer

1 Den Frischkäse mit etwas Wasser glatt rühren. Getrocknete Tomaten, Basilikum und Salz dazugeben und verrühren. Mit frischem Pfeffer aus der Mühle würzen und mit Basilikumblättchen garnieren.

TIPP

Passt zu Salat, Gemüse und Fleisch.

Tsatsiki

1 Portion, 158 kcal pro Portion

ZUTATEN

150 g Hüttenkäse
1 Salatgurke, in dünne Scheiben geschnitten
3 Knoblauchzehen, durchgepresst
1 kl. Bund Dill, fein geschnitten
1 Zitrone, halbiert und durchgepresst

1 Gurken auf einem Teller kreisförmig anrichten.

2 Knoblauch, Dill, Zitrone und Hüttenkäse mischen. Mit Salz und Pfeffer abschmecken, mit Dill bestreuen und zusammen mit den Gurken servieren.

Meerrettich-Soße

1 Portion, 7 kcal pro Portion

ZUTATEN

1 TL Meerrettich, gerieben (aus dem Glas)

1 frische Knoblauchzehe, gepresst

etwas Paprikapulver

2 EL fettfreie Gemüsebrühe

1 Brühe in einem kleinen Topf in Wasser auflösen und mit den restlichen Zutaten mit dem Schneebesen verrühren. Nur kurz erwärmen und als Marinade nutzen oder zu Rindfleisch servieren.

Sämige grüne Soße

1 Portion, 90 kcal pro Portion

ZUTATEN

- 1 EL Zwiebel, fein gehackt
- 1/2 Bd. glatte Petersilie, fein gehackt
- 50 g Knollensellerie, fein gewürfelt
- 1 Prise Liebstöckel (getrocknet)
- 150 ml Gemüsebrühe
- 1 Prise abgeriebene Zitronenschale
- 1 Prise Muskat
- 1 EL fettarmer Frischkäse (0,2% Fett)
- Salz und Pfeffer

1 Zwiebel in einer beschichteten Pfanne andünsten, evtl. ein paar Tropfen Wasser dazugeben, Sellerie und die Hälfte der Petersilie dazugeben und mit der Gemüsebrühe aufgießen. Mit Muskat und Liebstöckel würzen und kochen, bis der Sellerie weich ist.

2 Vom Herd nehmen. Die restliche Petersilie, Zitronenschale und den Frischkäse dazugeben und mit einem Mixer auf hoher Stufe fein pürieren. Mit Salz und Pfeffer abschmecken.

3 Die Soße kann warm zu Gemüse gegessen werden.

TIPP

Sie können diese Soße auch in anderen Geschmacksvarianten machen. Hierzu verwenden Sie statt Liebstöckel einfach andere Kräuter, wie Schnittlauch, Koriander, Estragon etc.

Tomaten-ketchup

2 Portionen, 20 kcal pro Portion

ZUTATEN

- 2 TL Tomatenmark
- 3 TL Apfelessig
- 1 TL Zitronensaft
- 1/4 TL Sellerie-Salz
- 1/2 TL Paprikapulver, edelsüß
- 1/4 TL Senf (ohne Zucker)
- 1 Prise geriebene Muskatnuss
- 1/4 TL Zwiebelpulver
- 1/4 TL Knoblauchpulver
- Süßungsmittel

1 Alle Gewürze im Apfelessig und Zitronensaft auflösen.

2 Tomatenmark hinzufügen und gründlich mischen.

3 Um die gewünschte Konsistenz zu erreichen, kann man noch etwas Flüssigkeit in Form von Zitronensaft, Essig oder ein wenig Wasser zufügen.

TIPP

Passt gut zu Rindfleisch oder Hamburgern.

Frischkäse-Dips für Gemüse und Salat

1 Portion, 90 kcal pro Portion

GEMÜSE

je 1/4 rote und gelbe Paprika, in längliche Stifte geschnitten

1 Stängel Stangensellerie, ebenfalls in längliche Stifte geschnitten

150 g fettarmer Frischkäse

Salz und Pfeffer

GESCHMACKSVARIANTEN FÜR DEN DIP

- 20 g getrocknete Tomaten und ein Bund Basilikum
- 2 Knoblauchzehen, durchgepresst und frischen Koriander oder Dill, klein gehackt
- Kräuter wie Schnittlauch, Dill, glatte Petersilie

1 Jeweils die ausgewählten Zutaten miteinander verrühren und mit Salz und Pfeffer abschmecken.

2 Geschnittenes Gemüse zusammen mit dem Dip anrichten.

TIPP

Sie können die Dips auch als Salatdressing verwenden.

Erdbeer-Spargel-Rucola-Salat

4 Portionen, 95 kcal pro Portion

ZUTATEN

- 1 Bund Rucola, ca. 250 g
- 500 g weißer oder grüner Spargel, geschält
- 1 Bund Basilikum, in feine Streifen geschnitten
- 500 g Erdbeeren, geputzt und geviertelt
- 3 EL weißer Balsamico-Essig
- 2 EL. Orangensaft, frisch gepresst
- 200 ml Gemüsebrühe
- Salz und Pfeffer

1 Den Spargel in der Gemüsebrühe bissfest kochen. Anschließend den Spargel in ca. 2 cm lange Stücke schneiden.

2 Rucola waschen und trocknen. In eine flache Salatschüssel legen und mit dem Spargel und den Erdbeeren belegen.

3 Basilikum mit Balsamico-Essig, Orangensaft, Salz und Pfeffer verrühren und abschmecken. Das Dressing über den Salat gießen.

TIPP

Für die Stabilisierungsphase kann man den Salat mit 50 g geriebenem Parmesan, 5 Esslöffel Olivenöl und 4 Esslöffel gerösteten Pinienkernen anreichern.

Erfrischender Salat aus Marokko

1 Portion, 65 kcal pro Portion

SALAT

- 1 Stück Gurke, gewürfelt
- 5 kleine Kirschtomaten, halbiert
- 1/4 grüne Paprika, gewürfelt
- 1 Frühlingszwiebel, in Ringe geschnitten
- 2 Handvoll gemischte Blattsalate
- 2 Stengel Dill, fein gehackt, etwas für die Garnitur zurückbehalten

DRESSING

- 1/4 Gurke, geschält und in Stücke geschnitten
- 1 Knoblauchzehe, durchgepresst
- 1/2 EL Zitronensaft
- ein paar Spritzer Essig
- etwas abgeriebene Schale einer Zitrone
- 1 Prise Cumin
- 1 Stängel frische Minze, Blättchen klein geschnitten
- Salz und Pfeffer

1 Alle Zutaten für den Salat in eine kleine Schüssel geben.

2 Für die Salatsoße die Gurke pürieren und mit den übrigen Zutaten mischen. Mit Salz und Pfeffer abschmecken und über den Salat geben. Gut mischen und mit frischem Dill garnieren.

TIPP

Garnieren Sie Ihren Salat zur Abwechslung mit Sprossen. Sie sind nicht nur vitaminreich, sondern liefern auch Ballaststoffe, Proteine und gesundheitsfördernde sekundäre Pflanzenstoffe. Vielfältig im Geschmack gibt es sie von mild-nussig bis pikant-scharf.

Fenchelsalat mit Orange

1 Portion, 62 kcal pro Portion

ZUTATEN

50 g Orange, geschält und in Spalten geteilt

1 kleine Fenchelknolle, in Streifen geschnitten

2 TL Zitronensaft

1 TL Weißweinessig

1 Messerspitze Chiliflocken

frische Minze oder frischer Koriander

1 Fenchel putzen, das Grün abzupfen und beiseitestellen. Fenchel halbieren, den Strunk herausschneiden und die Knolle in dünne Scheiben schneiden. Der Fenchel kann entweder roh oder leicht gedämpft verwendet werden.

2 Zitronensaft, Essig, Chiliflocken, frische Minze und Orangen mischen und kühl servieren.

TIPP

Dazu passen gegrilltes Hühnerfleisch oder Shrimps. Während der Stabilisierungsphase können Sie den Salat mit gerösteten Pinienkernen und 2 Esslöffel Olivenöl verfeinern.

Mallorquinischer Trampo-Salat

2 Portionen, 95 kcal pro Portion

SALAT

3–4 vollaromatische, reife Tomaten, in feine Würfelchen geschnitten
1 grüne Paprika, fein gewürfelt
1 weiße oder rote milde Zwiebel, ganz fein gehackt

DRESSING

1 Knoblauchzehe, durchgepresst
Bd. glatte Petersilie, fein gehackt
1 TL Balsamico
2 TL frischer Zitronensaft
eventuell 1/2 TL Sambal Oelek
Salz und Pfeffer

1 Die Zutaten für das Dressing in eine Schüssel geben und verrühren.

2 Tomaten, Paprika, Zwiebeln und Petersilie hinzufügen und alles durchrühren. Etwas ziehen lassen.

TIPP

Auf Mallorca wird der Salat gerne zusammen mit Thunfisch oder auch als Beilage zu frischem Fisch oder Fleisch serviert.

Orangen-Chicorée-Salat mit Hüttenkäse

1 Portion, 117 kcal pro Portion

ZUTATEN

- 1 kleine Chicorée, ohne Ansatz klein geschnitten
- 1/2 Orange, geschält und in kleine Stücke geschnitten
- 2 TL Apfelessig
- 1 TL Sojasoße
- 1 TL Zitronensaft
- Salz und Pfeffer
- 100 g Hüttenkäse

1 Apfelessig, Sojasoße und Zitronensaft in einer kleinen Schüssel verrühren.

2 Orange und Chicorée dazugeben.

3 Alles gut durchmischen, salzen und pfeffern und zusammen mit dem Hüttenkäse auf einem Teller anrichten.

Rotkohl-salat

1 Portion, 54 kcal pro Portion

ZUTATEN

- 200 g Rotkohl, in feine Streifen geschnitten
- 2 EL Apfelessig
- 1 kleiner Apfel, klein geschnitten
- 2 EL Balsamico-Essig
- Salz und Pfeffer
- Süßungsmittel

1 Rotkohlstreifen mit Apfelessig, Balsamico-Essig, Süßungsmittel, Salz und Pfeffer mischen und eine halbe Stunde ziehen lassen.

2 Danach die Apfelstücke dazugeben und noch einmal abschmecken.

TIPP

Der Salat schmeckt sowohl roh als auch gedünstet. Hierfür den Rotkohl in Salzwasser mit dem Essig ca. 4 Minuten kochen. Passt gut als Beilage zu Fisch und Fleisch.

Feldsalat mit gebratenen Pfifferlingen

1 Portion, 139 kcal pro Portion

ZUTATEN

50 g Feldsalat, gewaschen und geputzt
150 g Pfifferlinge, geputzt und geviertelt
1 Frühlingszwiebel, in Ringe geschnitten
1 EL Balsamico-Essig

DRESSING

1/2 TL zuckerfreier Senf
1 1/2 EL Weißweinessig
1 EL Sojasoße
1 Prise Süßungsmittel
Salz und Pfeffer

1 Die Zutaten für das Dressing in eine Schüssel geben und verrühren.

2 Pfifferlinge in beschichteter Pfanne fettfrei anbraten und mit den Frühlingszwiebeln weitere 3 Minuten rösten. Mit Balsamico-Essig ablöschen, salzen und pfeffern und vom Herd nehmen.

3 Feldsalat zum Dressing geben und gut durchmischen. Auf einem Teller anrichten und mit den Pfifferlingen servieren.

Austernpilze mit Tomatensoße

1 Portion, 55 kcal pro Portion

ZUTATEN

120 g frische Austernpilze, ersatzweise Champignons
1 Knoblauchzehe, durchgepresst
1 getrocknete Tomate ohne Öl, klein geschnitten
frischer Thymian, fein gehackt
Salz und Pfeffer

TOMATENSOẞE

1 mittelgroße Tomate
1 kl. Knoblauchzehe
1 TL fein gehackte Zwiebel
1 EL frisches Basilikum, fein gehackt

1 Tomate auf der Unterseite mit einem scharfen Küchenmesser kreuzweise einritzen und kurz in kochendes Wasser geben, mit kaltem Wasser abschrecken und die Haut abziehen. Tomate in kleine Stücke schneiden und mit den Zutaten für die Sauce mischen.

2 Pilze in mundgerechte Stücke schneiden und in einer beschichteten Pfanne scharf anbraten. Dann Knoblauch, getrocknete Tomate und Thymian dazugeben und unter Rühren bei starker Hitze ein paar Minuten braten. Mit Salz und Pfeffer abschmecken.

3 Die Pilze mit der Tomatensoße servieren.

TIPP

Austernpilze sind besonders kalorienarm und fast fettfrei, eignen sich daher bestens für die Diät. Sie können gut als Fleischersatz verwendet werden. Da es sich bei Austernpilzen um reine Zuchtpilze handelt, sind sie frei von Schwermetallbelastungen. Essen Sie Austernpilze immer frisch und bewahren Sie sie im Kühlschrank auf.

Spargel-
salat

1 Portion, 139 kcal pro Portion

ZUTATEN

- je 3 Stangen weißer und grüner Spargel, in Stücke geschnitten
- 4 EL Zitronensaft
- 100 g Rucolasalat, in mundgerechte Stücke geschnitten
- 1 Tomate, in kleine Stücke geschnitten
- 1 EL rote Zwiebel, fein gehackt

DRESSING

- 1 EL Zitronensaft
- 1 EL Himbeer- oder heller Balsamico-Essig (ohne Zucker)
- Salz und Pfeffer
- Süßungsmittel

1 Den geschälten und geschnittenen Spargel für 10 Minuten in den Zitronensaft einlegen und anschließend bissfest kochen.

2 Die Zutaten für das Dressing mischen und mit Salz und Pfeffer und Süßungsmittel abschmecken.

3 Spargel, Salat und Tomate in eine Schüssel geben und mit dem Dressing mischen.

TIPP

Wer es gerne mit Fleisch kombinieren möchte, kann zwei Scheiben Putenfilet dazu essen.

Waldorf-salat

2 Portionen, 100 kcal pro Portion

ZUTATEN

1/2 Knollensellerie (ca. 200 g), geschält und geraspelt
1 säuerlicher Apfel, entkernt und geraspelt
1 EL Zwiebel, fein gehackt
1 kleine Knoblauchzehe, durchgepresst
150 g Magerjoghurt
50 ml Orangensaft
Salz

1 Joghurt und Orangensaft in einer Schüssel verrühren. Mit etwas Salz würzen.

2 Je nach Wunsch Knoblauch und Zwiebeln dazugeben.

3 Sellerie und Apfel unter den Joghurt mischen. Alles 15 Minuten durchziehen lassen.

TIPP

In der Stabilisierungsphase lässt sich der Salat mit Walnüssen verfeinern.

Zucchini-Spaghetti mit Pilzen

2 Portionen, 84 kcal pro Portion

ZUTATEN

300 g Zucchini
125 ml Gemüsebrühe
1 Knoblauchzehe, durchgepresst
20 g getrocknete Tomaten (ohne Öl), in feine Streifen geschnitten
400 g gemischte Pilze (z.B. Steinpilze, Champignons, Kräuterseitlinge), geputzt und längs halbiert
1 TL geraspelte Schale einer Bio-Zitrone
Salz und Pfeffer
1 Bd. Schnittlauch, in dünne Röllchen geschnitten

1 **Zucchini-Spaghetti:** Zucchini schälen und waschen. Beim Schälen kleine Streifen der grünen Haut belassen. Zucchini in Streifen schneiden. Besonders einfach stellt man die Spaghetti mit einem Spiralschneider her. Sonst können Sie die Zucchini auch mit einem Gemüse- oder Julienneschäler in lange Streifen schneiden. Das Ergebnis sieht dann aus wie Bandnudeln. Man kann die Zucchininudeln roh oder auch kurz blanchieren (1 Minute in der kochenden Gemüsebrühe). Gemüsebrühe aufheben.

2 Pilze in einer beschichteten Pfanne anbraten.

3 Getrocknete Tomaten mit der abgeriebenen Zitronenschale zu den Pilzen geben. Etwas Gemüsebrühe zum Ablöschen verwenden. Mit Salz und Pfeffer abschmecken und mit den Gemüsespaghetti mischen.

4 Auf Tellern anrichten und mit Schnittlauch bestreuen.

TIPP

Statt Zucchini können Sie auch Pastinaken verwenden.

Zucchini-Spaghetti
z.B. mit Tomatensoße

2 Portionen, 90 kcal pro Portion

SPAGHETTI

- 2 Zucchini
- evtl. 1 EL Gemüsebrühe

TOMATENSOSSE

- 1 Knoblauchzehe, durchgepresst
- 1 Zwiebel, klein gehackt
- 1–2 Tomaten, gewürfelt
- 50 g getrocknete Tomaten ohne Öl, in feine Streifen geschnitten
- 1/2 rote Paprika, in feine Streifen geschnitten
- frisches Basilikum, in Streifen geschnitten
- Salz und Pfeffer
- Sojasauce
- Sambal Oelek

1 Zucchini-Spaghetti zubereiten (siehe linke Seite unter Punkt 1), nach Geschmack roh oder kurz blanchiert.

2 Für die Soße Knoblauch und Zwiebeln in einer beschichteten Pfanne andünsten. Etwas Sojasoße und Sambal Oelek dazugeben. Getrocknete Tomaten und Paprika in die Pfanne geben.

3 Gewürfelte Tomaten in die Pfanne geben. Alles kurz aufkochen und mit frischem Basilikum, Salz und Pfeffer würzen. Mit den kalten oder blanchierten Zucchini mischen und servieren.

TIPP

Wenn Sie gerne Pasta essen, ist diese kohlenhydratarme und gesunde Variante eine ideale Alternative. Sie werden feststellen, dass Sie sich ganz anders als mit herkömmlicher Pasta fühlen – fit und energiegeladen!

Variieren Sie die Spaghetti z.B. mit der Barbecuesauce oder der Pilzsauce. In der Stabilisierungsphase schmecken Zucchinispaghetti besonders gut mit einer Pestosoße. Rezept auf S. 143.

Blumenkohl-Curry

2 Portionen, 130 kcal pro Portion

ZUTATEN

1 Blumenkohl, (ca. 800 g), in kleine Röschen zerteilt
125 ml Gemüsebrühe
2 Tomaten, gewürfelt
1 Zwiebel, fein gewürfelt
10 g frischer Ingwer, fein geschnitten
1 Knoblauchzehe, gepresst
2 Chilischoten, entkernt und in feine Ringe geschnitten, ersatzweise 1 TL Sambal Oelek
1/2 TL Kurkuma
1 Prise Garam Masala
Salz

1 Zwiebeln in einer Teflonpfanne mit etwas Wasser bei mittlerer Hitze 3 Minuten dünsten. Ingwer, Knoblauch, Chili dazugeben und weitere 3 Minuten dünsten.

2 Blumenkohl, Tomaten, Kurkuma und Garam Masala untermischen. Gemüse salzen, 125 ml Gemüsebrühe zugeben und zugedeckt kurz aufkochen. Bei milder Hitze 15–18 Minunten köcheln lassen, bis der Blumenkohl weich ist.

Gefüllte Zucchini

2 Portionen, 140 kcal pro Portion

ZUTATEN

2 Zucchini (ca. je 300 g)
1 mittelgroße Zwiebel, fein gewürfelt
2 Knoblauchzehen, durchgepresst
2 EL getrockneter Estragon, fein gehackt
100 g fettarmer Frischkäse
Salz und Pfeffer

1 Backofen auf 180 °C vorheizen.

2 Zucchini waschen und der Länge nach halbieren. Vorsichtig aushöhlen. Zucchinihälften in eine feuerfeste Form geben.

3 Das Fruchtfleisch würfeln.

4 Zwiebel und Knoblauch in einer beschichteten Pfanne andünsten. Zucchiniwürfel dazugeben und in 5 Minuten weich dünsten.

5 Frischkäse unterrühren und mit Salz, Pfeffer und Estragon würzen.

6 Die Masse in die Zucchinihälften füllen und bei 180 °C ca. 30 Minuten im Backofen garen.

TIPP

Während der Stabilisierungsphase kann man die Zucchini zusätzlich mit etwas Olivenöl, fein gehobelten Karotten und Mandelblättchen zubereiten. Durch den Estragon bekommt dieses Gericht eine raffinierte Note.

Zucchinisalat

1 Portion, 63 kcal pro Portion

ZUTATEN

- 1 Zucchini
- 4 kleine Tomaten
- 1 1/2 EL weisser Balsamico-Essig
- 2 EL Gemüsebrühe
- 1 Prise Cayennepfeffer
- Kräuter nach Wahl, klein geschnitten
- Salz

1 Zucchini waschen, putzen, der Länge nach halbieren und mit einem Spargelschäler oder Gemüsehobel in dünne Scheiben schneiden.

2 Tomaten waschen und vierteln und zusammen mit den Zucchinistreifen in eine kleine Schüssel geben.

3 Essig, Brühe, Salz und Cayennepfeffer verrühren und zusammen mit den Kräutern über den Salat geben.

TIPP

In der Stabilisierungsphase kann man Olivenöl ins Dressing geben und gehobelten Parmesan darüberstreuen. Passt gut als Beilage zu Fleisch oder Fisch.

Gefüllte Auberginen

2 Portionen, 70 kcal pro Portion

ZUTATEN

2 Auberginen
1 Zwiebel, klein gehackt
2 Knoblauchzehen, in dünne Scheiben geschnitten
3 Tomaten
1 Bd. Petersilie, fein gehackt
1/2 TL Kreuzkümmel
etwas Paprikapulver edelsüß
50 ml Gemüsebrühe
Salz und Pfeffer

1 Die Auberginen halbieren, aushöhlen und salzen. Das Fruchtfleisch würfelig schneiden und salzen. Beides eine halbe Stunde ziehen lassen.

2 Backofen auf 200 °C (Umluft 180 °C) vorheizen.

3 Zwiebel und Knoblauch in einer kleinen beschichteten Pfanne mit ein paar Spritzern Wasser andünsten. 2 der 3 Tomaten würfeln und mit den ausgedrückten Auberginenwürfeln in die Pfanne geben und 5 Minuten weiterdünsten.

4 2/3 der Petersilie mit den Gewürzen in die Pfanne geben.

5 Restliche in Scheiben geschnittene Tomaten in eine Auflaufform geben, salzen, pfeffern und die Gemüsebrühe dazugeben. Auberginenhälften trocken tupfen und in die Form legen. Die Füllung auf die Hälften verteilen und im Backofen für ca. 30 Minuten überbacken.

6 Mit der restlichen Petersilie garnieren und servieren.

Ratatouille

4 Portionen, 147 kcal pro Portion

ZUTATEN

1 große Aubergine
2 mittelgroße Zwiebeln, klein geschnitten
Je 1 grüne und 1 rote Paprika, entkernt und klein geschnitten
3 Zucchini, kleingeschnitten
3 mittelgroße Tomaten, gewürfelt
2–3 Knoblauchzehen, durchgepresst
50 ml Gemüsebrühe
1 Zweig frischer Thymian oder
1 TL Kräuter der Provence
1 Lorbeerblatt
Salz und Pfeffer

1 Aubergine halbieren und mit Salz bestreuen, etwas ziehen lassen und mit Küchenkrepp trockentupfen.

2 Zwiebeln und Knoblauch in einem Topf andünsten.

3 Das kleingeschnittene Gemüse zusammen mit Gemüsebrühe, Lorbeerblatt und Kräutern in einen Topf geben, mit Salz und Pfeffer würzen und 3–4 Minuten kochen lassen.

4 Gewürfelte Tomaten dazugeben. Zugedeckt ca. 25 Minuten bei kleiner Hitze weiter köcheln lassen.

Kresse-Gurken-Drink

2 Portionen, 73 kcal pro Portion

ZUTATEN

1 Salatgurke, entkernt und in Würfel geschnitten
1 Box Gartenkresse
2 TL Paprikapulver, mild
200 ml fettarmer oder -freier Quark
Salz und Pfeffer
2–3 Eiswürfel

1 Gartenkresse mit einer Schere abschneiden, einen kleinen Rest für die Garnierung zurückbehalten und zusammen mit den Gurken in einen Mixer geben.

3 Restliche Zutaten in den Mixer geben und mit den Eiswürfeln fein pürieren.

4 In Gläser füllen und mit etwas Kresse garnieren.

Gefüllte Tomaten mit Hüttenkäse

1 Portion, 100 kcal pro Portion

ZUTATEN

2 Tomaten mittlerer Größe oder eine große Fleischtomate
100 g Hüttenkäse
frische Käuter nach Saison
etwas Sambal Oelek
etwas Paprikapulver
frische Petersilie
Salz und Pfeffer

1 Wasser aufkochen. Von den Tomaten den Strunk entfernen und einige Minuten in heißem Wasser blanchieren. Den oberen Teil der Tomaten abschneiden und innen etwas aushöhlen. Diesen Teil kleinschneiden und später in die Hüttenkäsemischung geben.

2 Hüttenkäse mit Kräutern, Sambal Oelek, Paprikapulver und Tomatenstückchen mischen.

3 Mit Salz und Pfeffer abschmecken und den Hüttenkäse in die Tomaten füllen. Mit Petersilie bestreuen und servieren.

TIPP

Dazu passt grüner Salat.

In der Stabilisierungsphase können Sie für die Tomaten folgende Füllung verwenden: 30 g Fetakäse zerkrümeln und mit feingehackten Mandeln oder Pistazien, den kleingeschnittenen Tomatenresten, frischem Basilikum und 2 Esslöffel Olivenöl mischen. Im vorgeheizten Backofen 10 Minuten garen, bis die Kruste braun wird.

Selleriegemüse

1 Portion, 45 kcal pro Portion

ZUTATEN

500 g Knollensellerie
1 EL Magerquark
Muskatnuss, frisch gerieben
1 Prise Süßungsmittel
2 Spritzer Zitronensaft
2 EL Schnittlauchröllchen
Salz und Pfeffer

1 Knollensellerie schälen, vierteln und in dünne, mundgerechte Scheiben schneiden. In kochendem Salzwasser 2–3 Minuten garen. Mit einer Schaumkelle herausnehmen und unter kaltem Wasser abschrecken.

2 100 ml vom Sellerie-Kochwasser weiterverwenden. Aufkochen und ca. 5 Minuten reduzieren, bis fast die ganze Flüssigkeit verdampft ist.

3 Quark unterrühren und die Soße mit Salz, Pfeffer, frisch geriebener Muskatnuss, Zitronensaft und Süßungsmittel würzen. Sellerie untermischen und in der Soße erwärmen. Mit Schnittlauchröllchen bestreuen und servieren.

Indischer Spinat mit Ei

1 Portion, 128 kcal pro Portion

ZUTATEN

- 150 g Blattspinat (tiefgekühlt, portioniert)
- 1 kleine Knoblauchzehe, fein gehackt
- 1 kleine Zwiebel, fein gehackt
- 1 kl. Stück frischer Ingwer, fein gehackt
- 50 ml fettfreie Gemüsebrühe
- 1 Prise Kumin
- 1 Prise Paprikapulver, edelsüß
- 1/4 TL Currypulver
- Salz und Pfeffer
- 2 Eiweiß
- 1 Eigelb

1 Zwiebel, Knoblauch und Ingwer in einem Topf mit etwas Brühe andünsten.

2 Die Gewürze und die restliche Gemüsebrühe dazugeben (nicht zu viel, es sollte auf keinen Fall zu flüssig werden).

3 Den tiefgekühlten Spinat dazugeben und langsam erhitzen.

4 Mit Salz und Pfeffer abschmecken.

5 Eiweiße und Eigelb verquirlen und in einer beschichten Pfanne fettfrei braten, salzen und pfeffern.

6 Spinat auf einem Teller anrichten und mit den Eiern servieren.

Omelette mit Kräutern

1 Portion, 86 kcal pro Portion

ZUTATEN

- 2 Eiweiß
- 1 Eigelb
- Kräuter nach Wahl, z.B. 1/2 Bd. Schnittlauch, in feine Röllchen gschnitten
- 1/2 kleine Zwiebel oder 2 Stängel Frühlingszwiebeln, fein geschnitten
- 1 TL Hüttenkäse

1 Eiweiße und Eigelb mit dem Schneebesen verquirlen.

2 Kräuter, Zwiebel und Hüttenkäse unter die Eiermasse rühren und in einer beschichteten Pfanne zu einem Omelett braten.

TIPP

Sie können dieses Omelette auch mit grünem Spargel, getrockneten Tomaten und vielen weiteren Zutaten kombinieren. Dazu passt ein gemischter Salat.

Orientalischer Hähnchensalat

1 Portion, 202 kcal pro Portion

ZUTATEN

- 100 g Hühnerbrust, gekocht, gewürfelt
- 1 Apfel, geschält, gewürfelt
- 2 Stangen Sellerie, gewürfelt
- 3 EL Zitronensaft
- 1/2 TL Zimt
- 1 Prise geriebene Muskatnuss
- 1 Prise geriebener Kardamom
- Salz und Pfeffer
- Süßungsmittel

1 Hühnerbrust fettfrei in einer beschichteten Pfanne braten, eventuell ein paar Spritzer Wasser zugeben.

2 Fleisch mit Apfel und Sellerie mischen.

3 Mit Süßungsmittel, Zitronensaft und Gewürzen anmachen und 20 Minuten ziehen lassen.

TIPP

Dieser leckere Salat läßt sich gut vorbereiten und eignet sich deshalb auch als Mittagessen für unterwegs.

Salat mit scharfem Hühnchen und Tofudressing

2 Portionen, 175 kcal pro Portion

SALAT

2 kleine Hähnchenfilets à 100 g
1 Frisée- oder Römersalat, gewaschen und in mundgerechte Stücke gezupft
nach Wahl 2 kleine Tomaten, geviertelt,
Gurke und Paprika, kleingeschnitten
1/2 Bd. frischer Koriander, gewaschen, trockengeschüttelt, Blätter abgezupft
1 TL Chilipulver

DRESSING

200 g Tofu
1 Limette, ausgepresst
1 TL Sambal Oelek
1 Knoblauchzehe, durchgepresst

1 Für das Salatdressing Knoblauch, Limettensaft, Tofu und Sambal Oelek in ein hohes Rührgefäß geben und mit dem Pürierstab fein mixen.

2 Hähnchenfilets waschen, mit Küchenkrepp trocknen und der Länge nach durchschneiden und mit Chilipulver bestreuen. In einer beschichteten Pfanne von jeder Seite 3 Minuten fettfrei braten.

3 Salat mit Gurke und Paprika (nach Wahl Tomaten) in eine Schüssel geben und mit dem Dressing mischen.

4 Hähnchenfilets in Streifen oder Stücke schneiden und mit dem frischen Koriander über den Salat geben.

TIPP

In der Stabilisierungsphase können Sie den Salat mit 2–3 Esslöffel Olivenöl verfeinern.

Sommersalat mit gegrillter Pute

1 Portion, 158 kcal pro Portion

ZUTATEN

100 g Putensteak
100 g Gurke, gewürfelt
ein kleines Stück gelbe oder rote Paprika nach Wahl, in feine Streifen geschnitten
1 Knoblauchzehe, durchgepresst
1 Tomate, in Stücke geschnitten
frischer Dill, fein geschnitten
1 Frühlingszwiebel, in Ringe geschnitten
50 g Blattsalat, gemischt
1 EL Zitronensaft
Salz und Pfeffer

1 Fleisch von beiden Seiten einige Minuten grillen oder in einer Teflonpfanne fettfrei braten.

2 Gewürfelte Gurken mit dem Mixstab pürieren und mit Knoblauch, Dill, Zitronensaft, Salz und Pfeffer verrühren.

3 Tomate, Salat, Paprika und Frühlingszwiebel mischen.

4 Mit Salz und Pfeffer abschmecken.

Salat mit mariniertem Rindfleisch

1 Portion, 207 kcal pro Portion

ZUTATEN

100 g zartes Rindfleisch zum Kurzbraten, in Scheiben geschnitten
1 rote Zwiebel, in Ringe geschnitten
50 g Rucola und etwas gemischter grüner Salat
4 kleine Tomaten, geschnitten
*wahlweise: 5 Radieschen, in Scheiben geschnitten, ein Stück rote Paprika, 1 kleines Stück Gurke oder Sellerie
1 EL Zitronensaft
1 EL Apfelessig
evtl. 1 Prise getrockneter Thymian
1 EL Gemüsebrühe
Salz und Pfeffer

1 Zitronensaft, Gemüsebrühe, Thymian und Pfeffer zu einer Marinade verrühren und das Fleisch über Nacht darin einlegen.

2 Rucola auf einen Teller geben und mit Tomaten, Zwiebeln und *Gurken oder Sellerie darauf anrichten.

3 Fleisch mit der Marinade in einer beschichteten Pfanne sechs Minuten braten, danach salzen. Das Fleisch auf dem Salat anrichten.

4 Bratenfond mit etwas Gemüsebrühe aufkochen, mit Essig ablöschen und über den Salat träufeln.

Grüne Bohnen mit Roastbeef

1 Portion, 185 kcal pro Portion

ZUTATEN

- 1 kleine rote Zwiebel, in feine Spalten geschnitten
- 1 Tomate, geviertelt
- 100–150 g grüne Bohnen
- 200 ml Gemüsebrühe
- etwas Bohnenkraut, fein geschnitten
- 100 g Roastbeef, Aufschnitt dünn geschnitten
- 1/2 EL Aceto Balsamico
- 1/2 EL Apfelessig
- Salz und Pfeffer

1 Bohnen waschen, die Enden abschneiden und in der Gemüsebrühe bissfest kochen.

2 Bohnen abseihen und 4 Esslöffel Gemüsebrühe für das Dressing zurückhalten.

3 Für das Dressing Apfelessig, Balsamico, Gemüsebrühe und Bohnenkraut verrühren und mit Salz und Pfeffer abschmecken.

4 Bohnen und Tomaten mit dem Dressing mischen.

5 Auf einem Teller anrichten und mit Roastbeefscheiben und den Zwiebeln belegen. Pfeffern und salzen.

Geräucherte Hühnerbrust mit Romanasalat und Tofu-Salatdressing

2 Portionen, 176 kcal pro Portion

ZUTATEN

200 g geräucherte Hühnerbrust in Scheiben geschnitten
1 Romanasalat, gewaschen und in mundgerechte Stücke gezupft
1 kleines Stück Knollensellerie, in sehr feine Streifen geschnitten
200 g Seidentofu (erhältlich im Reformhaus/Bio-Supermarkt)
1 kleine Knoblauchzehe, durchgepresst
1 EL Balsamico-Essig
Salz und Pfeffer

1 Seidentofu in Würfel schneiden und in eine hohe Rührschüssel geben.

2 Knoblauch, Balsamico-Essig, Salz und Pfeffer hinzufügen und mit dem Stabmixer pürieren.

3 Salat auf einem Teller anrichten, die Hühnerbrust darauf verteilen, den Sellerie danebengeben und mit Dressing beträufeln.

TIPP

Das Rezept eignet sich auch für die Stabilisierungsphase und kann dann mit etwas Olivenöl und Croûtons verfeinert werden.

Arabisches Hähnchen

4 Portionen, 130 kcal pro Portion

ZUTATEN

400 g Hühnerbrust ohne Haut, geschnetzelt
2 Zwiebeln, gewürfelt
4 Tomaten, fein gewürfelt
1 große Knoblauchzehe, fein geschnitten
Schale einer Limette
1 Msp. gemahlene Gewürznelken
1 Prise frisch geriebene Muskatnuss
1 TL Currypulver
1/2 TL gemahlener Koriander
1 Msp. gemahlener Kardamom
Salz und Pfeffer
1 Bd. frischer Koriander, gewaschen, trocken geschüttelt und in feine Streifen geschnitten

1 Hühnerbrust in einer beschichteten Pfanne von allen Seiten scharf anbraten, salzen und pfeffern. Aus der Pfanne nehmen und zugedeckt beiseitestellen.

2 Zwiebeln und Knoblauch in derselben Pfanne andünsten.

3 Gewürze und fein geriebene Limettenschale zu den Zwiebeln geben. 300 ml Wasser und die Tomaten zugeben. 15 Minuten zugedeckt köcheln lassen.

4 Fleisch in die Soße geben und weitere 5 Minuten bei kleiner Hitze garen.

5 Hähnchen mit dem Koriander servieren.

TIPP

Sie können dieses Gericht in einer größeren Menge kochen und auf mehrere Mahlzeiten verteilen und einfrieren. Die Gewürze erhalten Sie in Asia-Läden. Dazu passt Salat oder Gemüse nach Wahl, z.B. frischer Brokkoli.

Hähnchen-Curry

4 Portionen, 135 kcal pro Portion

ZUTATEN

400 g Hühnerbrust ohne Haut, geschnetzelt
3 große Zwiebeln, fein gewürfelt
4 mittlere Tomaten, würfelig geschnitten

GEWÜRZPASTE

2 1/2 TL Apfelessig
1 große Knoblauchzehe, durchgepresst
1 TL frischer Ingwer, fein gehackt
1 TL Tomatenmark
1 TL Garam Masala
1/2 TL Paprikapulver
1/2 Prise Zimt
1/2 TL Kumin
1/2 TL Koriander
1/4 TL Cayennepfeffer
etwas glatte Petersilie, fein gehackt, als Garnitur
100 ml Gemüsebrühe

1 Die Zutaten für die Gewürzpaste mischen, bis eine cremige Konsistenz erreicht ist.

2 Die Paste in einer beschichteten Pfanne 3 Minuten anrösten. Zwiebeln, Fleisch und Tomaten dazugeben und weitere 5 Minuten braten. Gemüsebrühe dazugeben und aufkochen.

3 Temperatur reduzieren und für weitere 15 Minuten leicht köcheln lassen. Ab und zu umrühren. Mit Salz und Pfeffer abschmecken.

TIPP

In der Stabilisierungsphase können Sie die Gewürze und das Fleisch mit etwas Öl anbraten und mit etwas Kokosmilch verfeinern. Dazu passt Basmati-Reis.

Hähnchenbrust mit Selleriepüree

2 Portionen, 200 kcal pro Portion

ZUTATEN

- 220 g Hähnchenbrust
- 400 g Knollensellerie, geschält und grob gewürfelt
- 1 Schalotte, fein gehackt
- 200 ml Gemüsebrühe
- 2 EL magerer Joghurt
- 1 Prise geriebene Muskatnuss
- Sambal Oelek
- Salz und Pfeffer

1 Schalotten und Sellerie bei mittlerer Hitze 5 Minuten mit etwas Wasser dünsten. Mit Gemüsebrühe ablöschen und zugedeckt bei mittlerer Hitze 15 Minuten kochen lassen.

2 Sellerie mit dem Pürierstab pürieren, mit Joghurt verrühren und mit Salz, Pfeffer und Muskat würzen.

3 Hähnchenbrust mit Salz, Pfeffer und Sambal Oelek einreiben.

4 In einer beschichteten Pfanne von beiden Seiten einige Minuten scharf anbraten. Eventuell ein wenig Gemüsebrühe zugeben.

5 Filet aufschneiden und auf dem Püree anrichten.

Huhn mit Ingwer-Orangen-Soße

1 Portion, 184 kcal pro Portion

ZUTATEN

- 120 g Hähnchenbrust, geschnetzelt
- Saft 1 Blutorange
- 2 cm frischer Ingwer, fein gehackt
- 1 Knoblauchzehe, fein gehackt
- Salz und Pfeffer

1 In einer beschichteten Pfanne, Orangensaft, Ingwer und Knoblauch fettfrei erhitzen.

2 Sobald die Soße kocht, Hähnchenbrust zugeben und 3–5 Minuten (je nach Dicke) kochen.

3 Mit Salz und Pfeffer abschmecken.

TIPP

Dazu passt gut grüner Salat.

Florentiner Kalbfleisch

1 Portion, 196 kcal pro Portion

ZUTATEN

- 100 g Kalbskotelett, ohne Knochen, ersatzweise Putensteak
- 100 g tiefgekühlter Spinat
- 1 TL fettfreie Gemüsebrühe
- 1 Scheibe Knäckebrot
- 2 TL Zitronensaft
- 1 Knoblauchzehe, fein gehackt
- 1/2 kleine Zwiebel, fein gehackt
- frischen Salbei
- 1 Prise Paprikapulver
- etwas geriebene Zitronenschale
- Salz und Pfeffer

1 Kotelett flach klopfen. Knäckebrot fein reiben und mit geriebener Zitronenschale und Paprikapulver mischen.

2 Dann das Fleisch zuerst in den Zitronensaft und dann in die Knäckebrot-Mischung tauchen und fettfrei anbraten. Salbei dazugeben und Fleisch weiterbraten, bis es leicht braun ist. Fleisch aus der Pfanne nehmen und Angesetztes in der Pfanne mit Gemüsebrühe ablösen.

3 Knoblauch und Zwiebel dazugeben.

4 Zuletzt den Spinat dazugeben, leise köcheln lassen und mit Salz und Pfeffer würzen.

TIPP

Sie können auch Mangold anstelle von Spinat verwenden.

Rotkohl mit Senfhühnchen

2 Portionen, 157 kcal pro Portion

ZUTATEN

200 g Hühnerbrust, geschnetzelt
1 kleiner Rotkohl, in Stücke geschnitten
2 EL Apfelessig
1/2 Tasse Gemüsebrühe
2 Knoblauchzehen, durchgepresst
1 kleine Zwiebel, fein gehackt
2–3 Teelöffel Senf (ohne Zucker)
1 Prise Süßungsmittel
Paprikapulver
Salz und Pfeffer

1 Gemüsebrühe, Zwiebel und Knoblauch zum Kochen bringen. Essig und Rotkohl hinzufügen, salzen, pfeffern und zugedeckt weiter köcheln lassen, bis fast alle Flüssigkeit verdampft ist. Gelegentlich umrühren.

2 In einem 2. Topf etwas Brühe, Senf und Süßungsmittel zum Kochen bringen, geschnetzeltes Hühnchen und Paprikapulver dazugeben.

3 Mit Salz und Pfeffer würzen und kochen, bis das Hühnchen durch ist und die Flüssigkeit verdampft ist.

4 Das Hühnchen auf dem Rotkohlgemüse servieren.

TIPP

Das Gericht eignet sich auch für die Bratfolie.

Gefüllte Kohlrouladen

1 Portion, 156 kcal pro Portion

ZUTATEN

- 3 große Kohlblätter, ca. 100 g
- 100 g fettarmes Rinderhack (wahlweise auch Putenhackfleisch)
- 1 Stange Sellerie, fein gewürfelt
- 20 g Ingwer, fein gehackt
- 1 kleine Zwiebel, fein gehackt
- 1 Knoblauchzehe, fein gehackt
- 1 Prise Cayennepfeffer

TOMATENSOSSE

- 2 TL Tomatenmark
- 3 TL Apfelessig
- 1 TL Zitronensaft
- Chilipulver oder Sambal Oelek
- Salz und Pfeffer

1 Wasser für den Kohl in einem kleinen Topf erhitzen, Salz zugeben.

2 Zwiebel, Knoblauch, Hackfleisch, Ingwer und Sellerie in einer beschichteten Pfanne andünsten und Gewürze zugeben. Sie benötigen keine zusätzliche Flüssigkeit, da durch den Sellerie genügend Flüssigkeit freigesetzt wird.

3 Würzen Sie je nach Geschmack mit Salz, Pfeffer, Chilipulver oder Sambal Oelek.

4 Kohlblätter 2 Minuten in dem kochendem Salzwasser blanchieren.

5 Für die Tomatensoße Tomatenmark mit Apfelessig und Zitrone in einem kleinen Topf erhitzen, mit Salz und Pfeffer würzen.

6 Hackfleischmischung auf die Kohlblätter verteilen und aufrollen. Die Tomatensoße über die Rouladen geben.

Hackfleisch mit Kräuterquark

2 Portionen, 158 kcal pro Portion

HACKFLEISCH

200 g fettarmes Rinderhack
1 Zwiebel, fein gehackt
1 Knoblauchzehe, fein gehackt
1 Prise Cayennepfeffer
Salz und Pfeffer

KRÄUTERQUARK

1 mittelgroße Zwiebel, fein gehackt
1 Stück Salatgurke, fein gewürfelt
Kräuter nach Wunsch (z.B. Schnittlauch, Dill, Estragon), gewaschen, trocken geschüttelt und fein gehackt
50 g fettarmer Quark
Salz und Pfeffer
Salat nach Wahl, gewaschen und trocken geschleudert

1 Für das Hacksteak das Rinderhack mit Zwiebel und Knoblauch mischen und mit Salz, Pfeffer und Cayennepfeffer würzen. Zwei Hamburger-Patties formen und in einer beschichteten Pfanne von jeder Seite 3 Minuten scharf anbraten.

2 Gurke, Kräuter und Zwiebel mit dem Quark mischen und mit Salz und Pfeffer abschmecken.

3 Salat auf zwei Teller geben und mit Fleisch und Kräuterquark anrichten.

Gegrillte Hähnchenspieße

1 Portion, 134 kcal pro Portion

ZUTATEN

100 g Hühnerfilet, in ca. 3 cm große Würfel geschnitten
1 rote Zwiebel, geviertelt
Gemüse nach Wahl (z.B. 1 Stück Fenchel, Zucchini, rote Paprika), in ca. 3 cm dicke Stücke geschnitten
5 Cocktailtomaten
1 Spritzer Zitronensaft
Salz & Zitronenpfeffer

1 Filet, Zwiebel, Gemüse und Tomate abwechselnd auf Spieße stecken.

2 Mit frischem Zitronensaft beträufeln und mit Salz und Zitronenpfeffer würzen.

3 Spieße ca. 10 Minuten fettfrei grillen oder braten.

TIPP

Dazu passt grüner oder gemischter Salat.

Hackfleisch mit Sauerkraut

2 Portionen, 165 kcal pro Portion

ZUTATEN

200 g mageres Rinderhack
1 Zwiebel, in feine Streifen geschnitten
300 g Sauerkraut
1 kleiner Apfel, in kleine Würfelchen geschnitten
1 EL Paprikapulver, edelsüß
1 EL Sojasoße
2 El gehackte Petersilie
Salz und Pfeffer
1 Prise Süßungsmittel

1 Hackfleisch mit Salz, Pfeffer, und edelsüßem Paprikapulver mischen. In einer Pfanne mit 1 EL Sojasoße 3–4 Minuten krümelig braten und herausnehmen.

2 Zwiebel in der Pfanne mit etwas Wasser glasig dünsten. Sauerkraut zugeben und unter Rühren 15–20 Minuten weiter dünsten. Mit Salz, Pfeffer und einer Prise Süßungsmittel würzen.

3 Die Krautmischung mit dem Hack und dem Apfel mischen. Alles noch einmal heiß werden lassen und mit Petersilie bestreut servieren.

Hähnchen aus dem Ofen

4 Portionen, 220 kcal pro Portion

ZUTATEN

- 4 Hähnchenschenkel
- je 1 rote, grüne und gelbe Paprika, gewaschen, entkernt und in Stücke geschnitten
- 1 große Zucchini, in Scheiben geschnitten
- 2 Knoblauchzehen, fein gehackt
- 1 TL Sambal Oelek
- 1/2 TL gemahlener Rosenpaprika
- 1 Bund glatte Petersilie
- Salz und Pfeffer

1 Backofen auf 180 °C (Umluft entsprechend weniger) vorheizen.

2 Hähnchenschenkel mit Sambal Oelek und dem Knoblauch einreiben und mit Paprika, Salz und Pfeffer würzen. In eine feuerfeste Form legen und in den Backofen stellen.

3 Nach 20 Minuten das Gemüse und etwas Wasser dazugeben. Für weitere 25 Minuten backen.

4 Petersilie fein hacken. Nach insgesamt ca. 45 Minuten mit Petersilie garniert servieren.

TIPP

Genau genommen sollte man die Haut der Hähnchenschenkel während der Diätphase nicht essen. Sie können für die Diätphase das Gericht mit Hähnchenbrust machen. Das Gericht kann mit Champignons und Kirschtomaten ergänzt werden. Dieses Rezept eignet sich gut für die Stabilisierungsphase. Sie geben dann 6 Esslöffel Olivenöl dazu.

Wokgemüse mit Rindfleisch

2 Portionen, 214 kcal pro Portion

ZUTATEN

200 g mageres Rindfleisch, in feine Streifen geschnitten
200 g Brokkoli
1 gelbe Paprika, in Streifen geschnitten
100 g Champignons, in Scheiben geschnitten
2 kleine Zwiebeln, klein geschnitten
1 Knoblauchzehe, in dünne Scheiben geschnitten
1 kleines Stück Ingwer, ganz fein gehackt
1 kleine Chilischote, halbiert, entkernt und fein geschnitten
5 El Sojasoße
Salz und Pfeffer

1 Brokkoli in Röschen teilen und in heißem Wasser einige Minuten blanchieren.

2 Zwiebeln, Knoblauch, Ingwer und Chili in einer Wokpfanne oder einer beschichteten Pfanne andünsten.

3 Rindfleisch dazugeben und scharf anbraten. Pilze und Paprika dazugeben und kurz mitbraten. Mit Sojasoße ablöschen.

4 Brokkoli untermischen und mit Salz und Pfeffer würzen.

Salade niçoise

1 Portion, 180 kcal pro Portion

ZUTATEN

100 g Thunfisch in Lake
1 Ei

SALAT

50 g Eisberg- oder grüner Salat, gewaschen, geschleudert und in mundgerechte Stücke gezupft
1/2 Gurke, in Scheiben geschnitten
1 Tomate, in Würfel geschnitten
Je nach Geschmack eine halbe weiße Zwiebel, in feine Ringe geschnitten
150 ml Gemüsebrühe
2 EL Apfelessig
2 EL Zitronensaft
1/4 TL Dijon-Senf
Cayennepfeffer
Salz
evtl. Süßungsmittel

1 Für das French Dressing Gemüsebrühe, Apfelessig und Zitronensaft in einem Topf mischen, Dijon-Senf und die Gewürze dazugeben und bei niedriger Hitze kurz erwärmen und wieder abkühlen lassen.

2 Ei in Wasser 5 Minuten kochen, halbieren (nur eine Hälfte verwenden, die andere für eine spätere Mahlzeit verwenden), abkühlen und restliche Eihälfte vierteln.

3 Salat mit dem French Dressing anmachen. Tomaten und Gurke dazugeben und durchmischen.

4 Mit Thunfisch, Ei und ggf. Zwiebeln garnieren.

Gegrilltes Fischfilet mit Salsa

2 Portionen, 135 kcal pro Portion

ZUTATEN

200 g Fischfilet
1 kleiner grüner Salat, gewaschen, geschleudert und in mundgerechte Stücke gezupft
1 rote Paprika, sehr fein gewürfelt
3 Tomaten, klein gewürfelt
1/2 Bd. glatte Petersilie, fein gehackt
2 EL frisch gepresster Zitronensaft
1 Prise Süßungsmittel
1 Knoblauchzehe, durchgepresst
1 Prise Cayennepfeffer
Salz und Pfeffer

1 1 EL vom Zitronensaft, Süßungsmittel, Knoblauch und Cayennepfeffer verrühren. Paprika, 2/3 der Tomaten und Petersilie dazugeben. Etwas Petersilie für die Garnitur zurückbehalten.

2 Salat und restliche Tomaten auf zwei Tellern anrichten.

3 Fischfilet abspülen. Mit Pfeffer und Gewürzen nach Wahl würzen. In einer Teflon-Pfanne fettfrei auf jeder Seite ca. 2–3 Minuten braten. Den Fond mit etwas Balsamico-Essig ablöschen und über den Salat geben.

4 Fisch mit Zitronensaft, Salz und Pfeffer würzen und Soße über den Fisch gießen. Mit feingehackten Petersilie garnieren.

Fisch mit Fenchel und Grapefruit

1 Portion, 186 kcal pro Portion

ZUTATEN

100 g weißer Fisch
1 Tomate, klein gewürfelt
1/4 Grapefruit, geviertelt und in feine Spalten geschnitten
1/2 Fenchel, in dünne Scheiben geschnitten
1 EL Gemüsebrühe
1 kleine Knoblauchzehe, fein gehackt
1 kleine Zwiebel, fein gehackt
Salz und Pfeffer
frisches Basilikum, in feine Streifen geschnitten, oder Petersilie, gehackt

1 Fenchel in einer beschichteten Pfanne braten, evtl. ein wenig Gemüsebrühe dazugeben.

2 Zwiebel und Knoblauch in eine zweite beschichtete Pfanne geben und kurz andünsten, dann den Fisch dazugeben und vorsichtig auf beiden Seiten braten.

3 Nach einigen Minuten Tomate, frisches Basilikum und Grapefruitspalten dazugeben. Salzen und pfeffern und zusammen mit dem Fenchel servieren.

Fisch mit Tomaten und Basilikum

2 Portionen, 120 kcal pro Portion

ZUTATEN

- 220 g weißer Fisch
- 2 Tomaten oder 8 Cocktailtomaten, in Scheiben geschnitten
- 1 Bd. Basilikum, fein in Streifen geschnitten
- Rosenpaprika
- Salz und Pfeffer

1 Fisch mit Paprikapulver, Salz und Pfeffer würzen.

2 In einer beschichteten Pfanne fettfrei einige Minuten braten. Fisch vorsichtig wenden.

3 Basilikum zu den Tomaten geben. Salzen und pfeffern.

4 Tomaten auf einen Teller legen und Fisch darüber anrichten. Mit Basilikumblättern garnieren.

TIPP

Statt Fisch können Sie auch 2 Hähnchenfilets (ca. 210 g) verwenden.

Forelle mit Gurke und Rettich

2 Portionen, 163 kcal pro Portion

ZUTATEN

100 g Forellenfilet
1 EL Sojasoße
1 EL Zitronensaft
100 g Rettich
100 g Salatgurke
1/2 Box frische Kresse
Süßungsmittel

1 Fisch im Ganzen verwenden oder in 2 cm große Stücke schneiden.

2 Zitronensaft, Sojasoße und Süßungsmittel verrühren.

3 Gurke waschen und in dünne Scheiben hobeln. Das Gleiche mit dem Rettich machen. Auf einem Teller fächerförmig anrichten.

4 Fisch kurz durch die Marinade ziehen und auf den Teller legen.

5 Die Marinade verteilen und mit frischer Kresse garnieren.

Marinierter Fisch auf Gemüse

2 Portionen, 140 kcal pro Portion

FISCH UND GEMÜSE

2 Fischfilets von 250 g
(z.B. Seezunge, Rotbarsch, Kabeljau)
2 Tomaten, gewürfelt
Gemüse nach Wahl:
z.B. 1 Zucchini, in Scheiben, und
1 Fenchel, in Spalten geschnitten

MARINADE

1 Knoblauchzehe, durchgepresst
1 Zwiebel, fein gewürfelt
1/2 Bd. Petersilie, fein gehackt
1/2 Bd. Koriander, fein gehackt
1 TL Zitronensaft
0,5 g Safran
1 Prise Cayennepfeffer
1 TL Paprikapulver, edelsüß
2 El Gemüsebrühe
Salz und Pfeffer

1 Für die Marinade alle Zutaten verrühren.

2 Fisch waschen und trocken tupfen. Auf beiden Seiten dreimal ca. 1 cm tief einschneiden und mit der Marinade einreiben. 1 Stunde marinieren.

3 Backofen auf 200 °C (Umluft 180 °C) vorheizen.

4 Fenchel für 8 Minuten in kochendem Salzwasser kochen und abseihen. Zucchini für 2 Minuten blanchieren.

5 Gemüse und Tomaten in eine Auflaufform geben. Fisch auf das Gemüse legen. Marinade darübergeben und 25–30 Minuten im Ofen garen, je nach Dicke der Fischfilets.

Fisch auf Pak Choi

1 Portion, 185 kcal pro Portion

ZUTATEN

120 g weißer Fisch, z.B. Zander oder Kabeljau
2 St. Pak Choi, gewaschen und geviertelt
3 braune kleine Champignons, geviertelt
50 ml Gemüsebrühe
1 kleine Knoblauchzehe, fein gehackt
Salz und Pfeffer

1 Pak Choi mit den Champignons in einer beschichteten Pfanne braten, evtl. ein wenig Gemüsebrühe dazugeben.

2 Fisch in einer weiteren beschichteten Pfanne scharf auf der Hautseite anbraten. Vorsichtig wenden und noch einige Minuten auf der anderen Seite braten. Knoblauch dazugeben und kurz mitbraten.

3 Salzen und pfeffern, zusammen mit dem Pak Choi servieren.

Zanderfilet auf Selleriegemüse

2 Portionen, 149 kcal pro Portion

ZUTATEN

- 200 g Zanderfilet oder anderer weißer Fisch
- 1/2 Knollensellerie, geschält und in Würfel geschnitten
- 2 Stangen Staudensellerie, in kleine Stücke geschnitten
- 200 ml fettfreie Gemüsebühe
- 1 Prise Muskatnuss
- 2 EL fettarmer Joghurt
- Salz und Pfeffer

1 200 ml Wasser mit Gemüsebrühe in einem kleinen Topf erhitzen. Etwas Salz zugeben.

2 Stauden- und Knollensellerie in der Gemüsebrühe weich kochen.

3 Mit Joghurt, Salz und Pfeffer abschmecken und mit etwas Muskat würzen.

4 Zanderfilet in einer beschichteten Pfanne auf der Hautseite scharf anbraten, wenden und je nach Dicke in 5–7 Minuten fertig braten.

5 Auf dem Selleriegemüse anrichten und mit Selleriegrün garnieren.

Thunfisch-Sashimi

1 Portion, 190 kcal pro Portion

ZUTATEN

100 g sehr frischer Thunfisch, in Scheiben geschnitten
3 EL Sojasoße
Wasabipaste
50 g Sojasprossen oder 1 halbe Gurke, in längliche Streifen geschnitten

1 Thunfischscheiben auf einem Teller mit den Sojasprossen oder der geschnittenen Gurke anrichten.

2 Für die Soße Wasabi mit Soja mischen und in ein kleines Schälchen zum Dippen geben.

TIPP

Dazu passt sauer, scharf eingelegter Ingwer ohne Zucker.

Gefüllte Gurke mit Shrimps

2 Portionen, 170 kcal pro Portion

ZUTATEN

- 200 g gekochte Shrimps
- 1 Salatgurke, geschält, entkernt und in dickere Scheiben geschnitten
- 250 g fettarmer oder -freier Quark
- 1 St. frischer Ingwer, ca. 2 cm groß, sehr fein gewürfelt
- 1/2 Bd. frischer Koriander, fein gehackt
- Salz und Pfeffer

1 Die Gurkenstücke auf zwei Tellern anrichten.

2 Ingwer mit dem Koriander in den Mixer geben. Ein paar Blätter für die Garnierung zurückbehalten. Quark, Salz und Pfeffer dazugeben und alles kurz durchmixen.

3 Shrimps einige Minuten in Salzwasser blanchieren.

4 Quarkmasse in und um die Gurke anrichten und mit den Shrimps und den Korianderblättern garnieren.

Jakobsmuscheln mit Bohnen und Tomaten

2 Portionen, 119 pro Portion

ZUTATEN

- 4 Jakobsmuscheln
- 250 g grüne Bohnen, gewaschen und Enden abgeschnitten
- 1 Zwiebel, klein gewürfelt
- 1 Knoblauchzehe, in feine Scheiben geschnitten
- 6 kleine Tomaten, halbiert
- 100 ml Gemüsebrühe
- 1/2 Bd. Schnittlauch, in feine Röllchen geschnitten
- 1 EL Zitronensaft
- 1 Prise Süßungsmittel
- Salz und Pfeffer

1 Bohnen in kochendem Salzwasser ca. 8–10 Minuten garen. Anschließend abschrecken und Wasser abgießen.

2 Jakobsmuscheln in einer beschichteten Pfanne scharf anbraten, Hitze reduzieren. Zwiebel und Knoblauch dazugeben und glasig dünsten.

3 Die Brühe zugießen und unter Rühren aufkochen. Tomaten dazugeben. Mit Salz und Pfeffer würzen. Bohnen in den Topf legen und noch einmal kurz aufkochen. Mit Zitronensaft, Süßungsmittel, Salz und Pfeffer abschmecken. Mit Schnittlauch bestreuen.

Omelette asiatisch

2 Portionen, 125 kcal pro Portion

ZUTATEN

4 Eiweiß, 2 Eigelb
100 g Tiefseegarnelen (tiefgekühlt, vorgegart)
2 Frühlingszwiebeln, in feine Ringe geschnitten
100 g Mungobohnensprossen
Chiliflocken
2 EL Sojasoße
etwas frische Kresse

1 Garnelen auftauen.

2 Eiweiß mit Eigelb und Sojasoße glatt rühren.

3 Garnelen waschen, trocken tupfen und grob hacken.

4 Frühlingszwiebeln zusammen mit den Mungobohnensprossen unter die Eimasse rühren. Mit Chiliflocken würzen.

5 Die Masse in eine beschichtete Pfanne geben und bei mittlerer Hitze 6–8 Minuten stocken lassen.

6 Mit etwas frischer Kresse bestreuen.

7 Das Omelette in Streifen schneiden und mit etwas Sojasoße servieren.

Rote-Bete-Carpaccio mit Shrimps

2 Portionen, 145 kcal pro Portion

ZUTATEN

- 200 g Rote Bete (gekocht)
- 200 g große Shrimps
- 4 Chicoréeblätter
- 1/2 Orange, geschält und in kleine Stücke geschnitten
- 1 EL heller Balsamico-Essig
- 1 EL Limettensaft
- Salz und Pfeffer

1 Gekochte Rote Beete in dünne Scheiben schneiden und auf 2 Tellern anrichten. Salzen und pfeffern.

2 Shrimps schälen, Darm entfernen, trockentupfen und in einer beschichteten Pfanne von beiden Seiten anbraten.

3 Limettensaft und Balsamicoessig mischen und auf die Rote Bete träufeln.

4 Je 2 Chicoréeblätter mit den Orangenstückchen belegen, Shrimps auf die Teller verteilen und mit den Chicoréeblättern garnieren.

TIPP

Dieses raffinierte, leichte und erfrischende Gericht eignet sich auch als Vorspeise für die Stabilisierungsphase.

Scharfe Shrimps mit Wasabi

1 Portion, 111 kcal pro Portion

GEMÜSE

100 g Shrimps oder Garnelen
1/2 TL Zitronensaft
1 TL fein gewürfelte Zwiebel
etwas frischer Ingwer, fein gehackt
1/4 TL Wasabipulver oder aus der Tube
1 Prise Knoblauchpulver
etwas frische Petersilie oder Koriander, fein gehackt
Salz und Pfeffer
1 Prise Süßungsmittel
2–3 Blätter Eisbergsalat

1 Wasabi mit Zitronensaft vermischen und eine Minute ruhen lassen.

2 Die Garnelen mit den Zwiebeln scharf anbraten, Ingwer und Knoblauchpulver dazugeben. Mit dem Wasabi-Zitronensaft ablöschen.

3 Petersilie oder Koriander waschen, trocken schütteln und fein schneiden, zu den Shrimps geben.

4 Eisbergsalat auf einem Teller anrichten und die Krabben darauf verteilen.

Shrimps mit Salat und Erdbeerdressing

1 Portion, 138 kcal pro Portion

ZUTATEN

- 6 Shrimps, ca. 120 g
- 4 Cocktailtomaten, halbiert
- 1 Knoblauchzehe, durchgepresst
- 1/2 TL Sambal Oelek
- Eisbergsalat oder grüner Salat, gewaschen, trocken geschleudert und in mundgerechte Stücke gezupft

DRESSING

- 3 Erdbeeren
- 1 EL Apfelessig
- 1 EL Zitronensaft
- 1 Prise Salz
- 1 Prise Cayennepfeffer
- schwarzer Pfeffer aus der Mühle
- Süßungsmittel

1 Shrimps fettfrei anbraten, Knoblauch und Sambal Oelek dazugeben.

2 Alle Zutaten für das Dressing im Mixer zu einer Salatsoße mischen.

3 Salat auf einem Teller anrichten, mit dem Dressing übergießen und zusammen mit den Shrimps servieren.

Meeresfrüchte-salat

1 Portion, 170 kcal pro Portion

ZUTATEN

- 3 rohe geschälte Garnelen (ca. 50 g)
- 50 g Tintenfischringe, in dünne Streifen geschnitten
- 2 Stangen Sellerie, in feine Streifen geschnitten
- 3 Blätter Kopfsalat
- 1 Tomate
- 1 Frühlingszwiebel, in feine Ringe geschnitten
- 1 EL Zitronensaft
- etwas Süßungsmittel
- Salz und Pfeffer

1 Die Tomate in heißem Wasser kurz blanchieren und Haut abziehen. In kleine Würfel schneiden.

2 Frühlingszwiebeln und Sellerie kurz bissfest in einer Pfanne fettfrei anrösten.

3 Garnelen am Rücken einschneiden, den dunklen Darm entfernen, danach waschen, trocken tupfen und halbieren. In der Pfanne die Garnelen-Hälften und die Tintenfischringe von beiden Seiten fettfrei anbraten.

4 Zitronensaft mit Pfeffer, Salz und Süßungsmittel mischen.

5 Salat waschen und trocken schleudern. Auf einem Teller anrichten. Tomaten, Sellerie, Frühlingszwiebeln mit der Sauce anmachen, abschmecken und mit den lauwarmen Meeresfrüchten garnieren.

Salat mit Tintenfisch

1 Portion, 150 kcal pro Portion

ZUTATEN

- 100 g Tintenfisch (tiefgekühlt)
- 1 Knoblauchzehe, fein geschnitten
- 1 Tomate, in kleine Würfelchen geschnitten
- 1 Frühlingszwiebel, in feine Ringe geschnitten
- Friseesalat oder anderer grüner Salat
- 1 EL Zitronensaft
- 1 EL Apfelessig
- evtl. etwas frische Kresse
- Salz und Pfeffer

1 Tintenfisch auftauen und in feine Ringe schneiden.

2 Salat waschen und trocken schleudern.

3 Zitronensaft, Apfelessig, Salz und Pfeffer verrühren.

4 Tomate, Frühlingszwiebel und Dressing mit dem Salat mischen.

5 Grill oder Pfanne erhitzen. Tintenfischringe von beiden Seiten einige Minuten fettfrei grillen/anbraten, den Knoblauch dazugeben und mit Pfeffer bestreuen.

6 Den Salat anrichten und die Tintenfischringe darauf verteilen. Evtl. mit etwas Kresse bestreuen.

Garnelen-Pfanne mit Salat an French Dressing

1 Portion, 219 kcal pro Portion

GARNELEN

- 5–6 Garnelen, ca. 120 g
- 2 kleine Zwiebeln, in feine Ringe geschnitten
- 1 kleine Knoblauchzehe, in dünne Scheiben geschnitten
- glatte Petersilie, gezupft und gehackt
- Salz und Pfeffer
- 2 Spritzer Zitronensaft

SALAT

- 50 g Eisbergsalat, grüner Salat oder anderer Blattsalat
- 100 ml Gemüsebrühe
- 2 TL Apfelessig
- 2 TL Zitronensaft
- 1/4 TL Meerrettich
- 1/4 TL Dijon-Senf (zuckerfrei)
- Cayennepfeffer, Salz
- evtl. Süßungsmittel

1 Für das French Dressing Gemüsebrühe, Apfelessig und Zitronensaft in einem Topf mischen, Meerrettich, Dijon-Senf und die Gewürze dazugeben und bei niedriger Hitze kurz erwärmen und wieder abkühlen lassen.

2 Garnelen am Rücken einschneiden, den dunklen Darm entfernen, dann waschen und trocken tupfen.

3 Garnelen in einer beschichteten Pfanne fettfrei anbraten; Zwiebeln und Knoblauch kurz mitbraten, anschließend mit Salz, Pfeffer und Zitronensaft würzen.

4 Salat waschen und trocknen, mit dem French Dressing mischen und mit den Garnelen servieren.

Gekochte Shrimps mit Barbecuesoße

2 Portionen, 182 kcal pro Portion

ZUTATEN

240 g gekochte Shrimps (tiefgekühlt)

BARBECUESOSSE

100 g Tomatenmark
50 ml Apfelessig
3 EL Zitronensaft
2 bis 3 Spritzer Tabasco
1 Zwiebel, fein gewürfelt
2 Knoblauchzehen, fein gewürfelt
1 Prise Chilipulver
1/2 TL Sojasoße
1 TL Petersilie, fein gehackt
Cayennepfeffer
Salz und Pfeffer
Süßungsmittel (Stevia oder Erythritol)

1 Shrimps auftauen.

2 Alle Zutaten für die Barbecuesoße in einem kleinen Topf verrühren und zum Kochen bringen. Fünf Minuten köcheln lassen und – wenn nötig – etwas Wasser hinzugeben.

3 Shrimps kalt servieren oder kurz in heißem Wasser blanchieren.

TIPP

Machen Sie die Barbecuesoße gleich in größeren Mengen. Sie ist vielseitig einsetzbar und passt zu gegrilltem Fleisch, Fisch, Hamburgern oder zu Zucchinispaghetti.

Dazu passt ein grüner Salat.

Shrimps-Cocktail

1 Portion, 180 kcal pro Portion

ZUTATEN

- 100 g Shrimps, gekocht oder roh
- gemischter grüner Salat nach Wahl
- 1 dünne Scheibe Zitrone

COCKTAILSOSSE

- 1/2 Becher fettarmer Joghurt
- 60 g Tomatenmark
- 1 EL Apfelessig
- 1 EL Zitronensaft
- 1 Spritzer Tabasco
- 1 Messerspitze Dijon-Senf
- Salz und Pfeffer
- Süßungsmittel

1 Salat waschen und trockenschleudern. In mundgerechte Stücke zupfen.

2 Alle Zutaten für die Cocktailsoße vermischen. Etwas ziehen lassen und mit Salz, Pfeffer und einer Prise Süßungsmittel abschmecken.

3 Shrimps kurz in Salzwasser kochen oder schon gekochte Shrimps auftauen, abbrausen und trocken tupfen.

4 Mit der Cocktailsoße mischen und auf dem Salat anrichten. Mit Zitrone garnieren.

Rhabarber-Apfel-Kompott

4 Portionen, 50 kcal pro Portion

ZUTATEN

- 4 Stangen Rhabarber
- 2 Äpfel
- 150 ml Wasser
- 1 Vanilleschote
- Süßungsmittel
- Zimt

1 Rhabarber waschen und die äußere Haut abziehen. In etwa 1 cm dicke Scheiben schneiden.

2 Äpfel schälen, Kerngehäuse herausschneiden und in kleine Stücke schneiden. Zusammen mit dem Rhabarber in einen Topf geben und mit etwas Wasser aufsetzen.

3 Vanilleschote aufschneiden, das Mark herauskratzen und zusammen mit der Schote in den Topf legen. Etwa 5 Minuten köcheln lassen, bis das Obst weich ist. Eventuell noch etwas Wasser dazugeben.

4 Mit Zimt und Süßungsmittel abschmecken.

TIPP

Kann zusammen mit magerem Hüttenkäse, Joghurt oder Quark als Hauptgang gegessen werden.

Heidelbeer-quark

2 Personen, 139 kcal pro Portion

ZUTATEN

- 250 g Heidelbeeren (wahlweise auch Erdbeeren)
- 400 g fettarmer, vorzugsweise fettfreier Quark
- 4 El Erythritol oder ein paar Spritzer Stevia
- 2 Minzeblättchen
- 3 Eiswürfel

1 Beeren vorsichtig waschen und in ein Sieb geben. Tiefgekühlte Beeren auftauen lassen.

2 Die Beeren mit den übrigen Zutaten mischen und mit 3 Eiswürfeln in einen Mixer geben. Fein pürieren, in Gläser füllen und sofort servieren. Mit Minzeblättchen garnieren.

Erdbeer-Baiser

4 Portionen, 56 kcal pro Portion

ZUTATEN

- 16 Erdbeeren
- 4 Eiweiß
- 2 TL Stevia oder 5 EL Erythritol
- 1 Messerspitze frische Vanille oder
- 1 Prise gemahlener Zimt

1 Ofen auf 130 °C vorheizen.

2 Eiweiß mit Erythritol oder Stevia steif schlagen.

3 Backblech mit Backpapier auslegen.

4 Mit einem Löffel aus der Eiweißmasse kleine Formen bilden und auf dem Backblech verteilen. Wenn es perfekt aussehen soll, kann man die Masse auch durch einen Spritzbeutel pressen.

5 30–40 Minuten backen.

6 Erdbeeren waschen und in Scheiben schneiden. Etwas süßen und in 4 kleine Schalen geben. Baiser daraufsetzen und mit Zimt oder Vanille bestreuen.

TIPP

Wer möchte, kann einen Teil der Eiweißmasse mit ein wenig pürierten Erdbeeren mischen und so zweifarbige Baisers herstellen.

Frozen-Joghurt mit Zitronen-Minze-Soße

3 Portionen, 50 kcal pro Portion

ZUTATEN

2 Becher fettarmer Joghurt á 200g
3 Blätter Gelatine
1 1/2 – 2 unbehandelte Zitronen
1/2 Bd. frische Minze
1 TL Stevia oder 2–3 EL Erythritol

1 Joghurt aus dem Kühlschrank nehmen. Zur weiteren Verwendung sollte er Zimmertemperatur haben.

2 Gelatine in einer Schale mit kaltem Wasser kurz einweichen.

3 Die Zitronen abspülen und mit der Schale in kleinere Stücke schneiden. Kerne entfernen und im Mixer pürieren.

4 Minze waschen und fein hacken und mit Stevia oder Erythritol zu den Zitronen geben und im Mixer weiter pürieren. Die Zitronen-Minzsauce ist fertig.

5 Gelatine ausdrücken und in ein wenig heißem Wasser auflösen. Mit dem Joghurt und der Zitronen-Minze-Sauce mischen. In Dessert- oder Weingläser füllen und für einige Stunden kühl stellen.

6 Mit Minzeblättchen garnieren.

TIPP

Statt der Zitronen-Minze-Soße kann man den Frozen-Joghurt auch mit 200 g frischen Beeren (z.B. Heidelbeeren oder Erdbeeren) essen.

Apfelmus mit Hüttenkäse

1 Portionen, 80 kcal pro Portion

ZUTATEN

1 Apfel, geschält, entkernt und gewürfelt
etwas Wasser
1 Spritzer Zitrone
evtl. etwas Süßungsmittel
1 EL Hüttenkäse
Zimt

1 Apfel in einen kleinen Topf mit etwas Wasser und einem Spritzer Zitrone geben und 10 Minuten dünsten. Eventuell ein wenig süßen.

2 Apfelmus auf einen Teller geben, Hüttenkäse dazugeben und mit Zimt bestreut servieren.

TIPP

Neben dem täglichen Obstfrühstück aus Orange, Apfel, evtl. Papaya und Beeren ist dies eine schöne Variante zur Abwechslung.

Frühstücken während der Diät

Nach der Originaldiät von Dr. Simeons gibt es zum Frühstück nur je 1 Apfel, eine Orange oder eine halbe Grapefruit. Erlaubt sind darüber hinaus eine halbe kleine Papaya oder 100 g Beeren. Ab und zu dürfen Sie sich eine Portion Apfelmus mit Hüttenkäse gönnen. In der Stabilisierungsphase ist ein Hafermüsli mit Früchten eine gesunde Alternative.

Die Stabilisierungsphase – 21 Tage zur Sicherung Ihres Erfolgs

Das Kalorienzählen hat ein Ende. Genießen Sie bewusst die Speisen nach den folgenden Rezepten, die alle schnell zubereitet sind, köstlich schmecken und wenig Kohlenhydrate enthalten.

Katalanische Linsensuppe

4 Portionen

ZUTATEN

- 400 g Linsen
- 3 Knoblauchzehen, durchgepresst
- 600 g Tomaten (z.B. aus der Dose), grob gewürfelt
- 50 ml Olivenöl
- 80 g Sardellenfilets (Glas oder Dose), ganz fein gehackt
- eine Handvoll gehackte Petersilie
- Pfeffer aus der Mühle, Salz
- 1 Spritzer Zitrone
- 1 Würfel Gemüsebrühe
- TL Sambal Oelek
- TL Süßungsmittel

1 Linsen mit kaltem Wasser und einem gehäuften Teelöffel Salz aufsetzen und kochen. Es ist besser, wenn die Linsen noch etwas Biss haben. Das Kochwasser nicht abschütten.

2 Sardellenfilets und Knoblauch in 50 ml Olivenöl anschwitzen. Der Knoblauch darf nicht braun werden, da er sonst bitter schmeckt.

3 Vorsicht vor dem siedenden Öl! Wenn die Mischung abgekühlt ist, diese zu den Linsen geben. Die Tomaten und die Gemüsebrühe dazugeben und mit Salz, Pfeffer, Süßungsmittel und einem Spritzer Zitrone abschmecken.

TIPP

Ich liebe diese Suppe und sie gehört zu meinem festen Winterrepertoire. Sie schmeckt noch besser, wenn man sie über Nacht kühl stellt und am nächsten Tag noch einmal aufwärmt. Wer mag, kann ein paar gebratene Chorizos oder andere Würstchen dazu servieren.

Wenn es schnell gehen soll, kann man statt der ungekochten Linsen auch fertige Linsen aus dem Glas oder der Dose verwenden.

Schnelle raffinierte Karottensuppe

2–3 Portionen

ZUTATEN

350 g Karotten, in Scheiben geschnitten
2 Schalotten oder Zwiebeln, fein geschnitten
1 EL Olivenöl
500 ml Gemüse- oder Hühnerbrühe
Chiliflocken oder 1 TL Sambal Oelek
1 kl. Stück Ingwer, fein gehackt
Saft einer halben Orange
3 EL saure Sahne
1 Box frische Kresse, ersatzweise auch Petersilie, fein gehackt
Salz und Pfeffer

1 Schalotten im Öl andünsten, dann Karotten dazugeben und mit der Brühe aufgießen.

2 Chiliflocken oder Sambal Oelek und Orangensaft dazugeben und für ca. 20 Minuten köcheln, bis die Karotten weich sind.

3 Ingwer mit einen Teil der Kresse und 2 Esslöffel saurer Sahne zur Suppe geben und alles fein pürieren.

4 Mit Salz und Pfeffer abschmecken. Suppe auf 2 Teller verteilen, mit der restlichen sauren Sahne und eventuell etwas Chili und Kresse oder Petersilie garnieren.

Kürbis-Suppe

2–3 Portionen

ZUTATEN

600 g Hokkaido-Kürbis, grob gewürfelt
1 Zwiebel, fein gewürfelt
1 Knoblauchzehe, durchgepresst
3 TL Butter
1 TL Kurkuma
1 Msp. Cayennepfeffer
1 TL Zitronensaft
400 ml Gemüsebrühe
1 kleine Dose Kokosmilch (400 ml)
1 kleine Chilischote als Garnitur
1 Bd. frischer Koriander
Salz und Pfeffer

1 Butter in einem Suppentopf zerlassen, Zwiebeln, Knoblauch und den Kürbis darin andünsten. Mit Salz, Pfeffer, Cayennepfeffer und Kurkuma würzen.

2 Gemüsebrühe und Kokosmilch zugießen und aufkochen lassen. Zugedeckt bei mittlerer Hitze weitere 20 Min. köcheln lassen.

3 Suppe fein pürieren, mit Salz, Pfeffer und 1 TL Zitronensaft abschmecken.

4 Koriander waschen, trocken schütteln und fein hacken. Die Suppe mit fein geschnittenen Chilistreifen und Koriander garnieren und servieren.

Weißer Bohneneintopf

2 Portionen

ZUTATEN

1 kleine Dose weiße Bohnen (ca. 425 ml), abgetropft
Zwiebel, fein gehackt
1 Knoblauchzehe, durchgepresst
1 EL Olivenöl
1/2 Dose passierte Tomaten (ca. 200 g)
1 TL Sambal Oelek
ein paar Zweige Thymian, gezupft,
wahlweise glatte Petersilie, fein gehackt
eine Prise Süßungsmittel
Salz und Pfeffer

1 Zwiebel und Knoblauch in einer Pfanne mit Olivenöl andünsten.

2 Tomaten in die Pfanne geben und weitere 10 Minuten köcheln lassen.

3 Dann die Bohnen und die Kräuter dazugeben und weitere 5 Minuten köcheln lassen. Mit Salz, Pfeffer und Süßungsmittel abschmecken.

TIPP

Dieser Bohneneintopf ist die schnelle Variante. Sie können das Gericht auch mit getrockneten Bohnen machen. Dann sollten Sie diese über Nacht einweichen und nach Packungsangabe kochen. Dazu passen Hackfleischbällchen oder scharfe Würstchen (Chorizo oder Salcicia) gut.

Zitronen-Orangen-Chutney

Zutaten für ein Glas von ca. 250 ml Inhalt

ZUTATEN

- 2 unbehandelte Zitronen, mit Schale klein geschnitten
- 1 große Orange, geschält und in kleine Stücke geschnitten
- 1 Knoblauchzehen, geschält und fein gehackt
- 1 TL Sambal Oelek
- 1 TL roter Piment, gemahlen
- Salz und Pfeffer

1 Knoblauch in einen beschichteten Topf geben und kurz andünsten. Restliche Zutaten dazugeben und mit einem Glas Wasser, Salz und Pfeffer ca. 20 Minuten bei schwacher Hitze leicht köcheln lassen. Abschmecken und in das vorbereitete Glas füllen.

TIPP

Passt gut zu Gemüse, Fleisch und Fisch und zu Käse.

Hollandaise aus Buttermilch

2 Portionen

ZUTATEN

- 1 Eigelb
- 1 TL Senf
- 200 g Buttermilch
- 20 g kalte Butter
- 1 EL Mondamin (Soßenbinder)
- 1/2 Bd. Schnittlauch, in feine Ringe geschnitten
- Salz und frischer Pfeffer aus der Mühle

1 In einem kleinen Topf das Eigelb mit dem Senf verrühren und bei milder Hitze schaumig schlagen. Langsam nach und nach die Buttermilch dazugießen und aufkochen, dabei immer weiter aufschlagen.

2 Kalte Butter in Stückchen dazugeben. Dann den Soßenbinder unter ständigem Rühren dazugeben. Mit Schnittlauch bestreuen und mit Salz und frischem Pfeffer aus der Mühle würzen.

TIPP

Dazu passt frischer Spargel (ca. 10 Minuten kochen) oder auch eine Gemüsemischung, die man in Salzwasser kocht: Brokkoli und Paprika (in ca. 8 Minuten bissfest kochen), Fenchel (20 Minuten), Möhren und grüne Bohnen (ca. 10–15 Minuten). Die verschiedenen Gemüsesorten auf einer Platte anrichten und mit der Hollandaise servieren.

Arabisches Vorspeisenbuffet

Die arabische Küche lockt mit wunderbar aromatischen Gewürzen. Genießen Sie den kleinen Ausflug in 1001 Nacht auf den folgenden vier Seiten.

Dazu passt arabischer Minztee:

2 Teelöffel Grüntee und ein Bund frische, kleingehackte Minze im Teesieb in eine Teekanne geben und alles mit kochendem Wasser übergießen. Nach ca. 5 Minuten das Sieb herausnehmen und den Tee mit Süßungsmittel ausreichend süßen. In arabischen Ländern wird der Tee sehr süß und heiß getrunken. Er hat eine sehr belebende Wirkung.

Auberginen-püree

2 Portionen

ZUTATEN

- 1 Aubergine, gegrillt
- 2 EL Zitronensaft
- 1 Knoblauchzehe, durchgepresst
- 25 g Tahini (Sesampaste)
- 10 g geschälter Sesam
- Salz

1 Backofen auf 200 °C (Umluft 180 °C) vorheizen.

2 Die Aubergine waschen und rundherum mit einem Messer 1 cm tief einschneiden. Die Aubergine auf ein mit Backpapier ausgelegtes Backblech legen und ca. 50 Minuten unter mehrmaligem Wenden garen.

3 Die Aubergine unter kaltem Wasser kurz abschrecken, etwas abkühlen, häuten und in Stücke schneiden. Mit Zitronensaft mischen und pürieren. Knoblauch mit der Sesampaste (Tahini) zu dem Auberginenpüree geben und durchrühren. Mit Salz abschmecken.

4 Sesam in der Pfanne ohne Fett anrösten und über das Auberginenpüree streuen.

TIPP

Das Auberginenpüree kann als Teil eines arabischen Vorspeisenbuffets gegessen werden oder als Beilage zu Fisch oder Fleisch. Dazu passt gut knuspriges Fladenbrot, Rezept auf S. 172.

Hummus mal anders

4 Portionen

ZUTATEN

- ca. 400–500 g Kichererbsen aus der Dose oder dem Glas
- 100 ml Gemüsebrühe
- 6 EL Olivenöl
- 3 Knoblauchzehen, durchgepresst
- 4 EL Zitronensaft
- 4 EL Tahini (Sesampaste)
- 1 EL Cumin (Kreuzkümmel)
- Paprikapulver, scharf
- 1/2 TL Sambal Oelek
- 1 EL Curry
- Salz und Pfeffer

1 Kichererbsen im eigenen Saft und in 100 ml Gemüsebrühe kurz kochen. Abgießen und eine Tasse des Suds aufheben.

2 Kichererbsen pürieren und mit den übrigen Zutaten mischen. Es sollte eine glatte, sämige Paste entstehen. Ist sie zu fest, noch etwas von dem Sud hinzufügen.

3 In eine Schüssel geben und mit Paprikapulver bestreuen. Etwas Olivenöl darübergießen.

TIPP

Hummus kann als Dip mit rohen Karotten, Zucchini und Paprika gegessen werden. Das Gemüse hierzu in Stifte schneiden. Mit Auberginen-Karotten-Püree und Tabbouleh kann es als Teil eines arabischen Buffets serviert werden. Dazu passt knuspriges Fladenbrot, Rezept S. 172.

Tabbouleh

2 Portionen

ZUTATEN

150 g Hirse
1 TL Butter
1 Msp. Kreuzkümmel
Salz
3 EL Zitronensaft
4 EL frische glatte Petersilie, fein gehackt
2 Tomaten, in kleine Würfelchen geschnitten
1/2 TL edelsüßes Paprikapulver
1/2 Salatgurke, klein geschnitten
2 EL Olivenöl
2 Frühlingszwiebeln, fein geschnitten
2 EL frische Minze, fein gehackt
Salz und Pfeffer

1 Hirse in einem Topf mit Butter kurz anrösten. Kreuzkümmel, Salz und Wasser (nach Vorgabe) hinzufügen und aufkochen. Bei kleiner Hitze ca. 20 Minuten ausquellen lassen.

2 Zitronensaft in eine Schüssel geben.

3 Petersilie, Tomaten, Paprikapulver, Gurken, Frühlingszwiebeln und Minze mit dem Olivenöl verrühren und mit Salz und Pfeffer würzen.

4 Abgekühlte Hirse dazugeben und gut durchmischen.

TIPP

Tabbouleh ist ein erfrischender Salat und kann gut zusammen mit Hummus, Auberginenmus und gegrilltem Fleisch gegessen werden.

Karottenpüree mit Schafskäse

2 Portionen

ZUTATEN

250 g Karotten, geschält und in dünne Scheiben geschnitten
1 Knoblauchzehe, fein geschnitten
2 EL Olivenöl
1/2 TL Harissa (scharfe Chilipaste) oder Sambal Oelek
1 Prise gemahlener Koriander
1 Prise gemahlener Kreuzkümmel
35 g Fetakäse (griechischer Schafskäse)
1 TL eingelegte Kapern aus dem Glas
ein paar schwarze Oliven
Salz und Pfeffer

1 In einem Topf 1 Esslöffel Öl erhitzen und darin die Karotten und den Knoblauch andünsten. Harissa und 3 Esslöffel Wasser dazugeben und ca. 10 Minuten garen.

2 Danach die Karotten pürieren. Sollte das Püree zu trocken sein, etwas Wasser dazugeben und glatt rühren. Anschließend mit Koriander, Kreuzkümmel, Salz und Pfeffer würzen. Abkühlen lassen.

3 Das Karottenpüree in einem Schälchen anrichten, den zerbröckelten Schafskäse darauf verteilen. Restliches Olivenöl darüberträufeln und mit Kapern und den Oliven garnieren.

TIPP

Das Karottenpüree schmeckt als Teil der arabischen Vorspeisen oder auch als eigenständiges Gericht. Dazu passt gut knuspriges Fladenbrot, Rezept auf S. 172.

Guacamole

2–3 Portionen

ZUTATEN

- 2 reife Avocados
- 2 Tomaten, in Würfel geschnitten
- 1 kleine weiße Zwiebel, fein gehackt
- 1 kleine grüne Chilischote, entkernt und in ganz feine Ringe geschnitten
- 1 Limette, ausgepresst
- evtl. 1 Knoblauchzehe, durchgepresst
- 2 EL Olivenöl
- 1/2 Bd. Koriander oder frisches Basilikum, fein gehackt
- Salz und Pfeffer

1 Avocados halbieren und entkernen. Fruchtfleisch mit einem Löffel herauslösen und würfeln.

2 Zwiebeln, Chili, Limette, Koriander oder Basilikum, Olivenöl, Salz und Pfeffer in eine Salatschüssel geben und verrühren.

3 Tomaten und Avocados dazugeben und gut durchmischen.

TIPP

Dazu passt knuspriges Fladenbrot, Rezept auf S. 172.

Asia-Sommersalat mit Melone

2 Portionen

ZUTATEN

300 g Blattsalat, gewaschen, trocken geschleudert und in Stücke gezupft
100 g Rettich, geschält und gehobelt
1 St. Wassermelone, ca. 400g, entkernt und in feine Würfel geschnitten
1 gelbe Paprikaschote, in feine Streifen geschnitten
200 g Hüttenkäse

DRESSING

1 St. Ingwer, ca. 25g, ganz fein gehackt
1 Limette, durchgepresst
1 EL Sojasauce
1 EL Thai-Fischsauce
3 EL Olivenöl und evtl. 1 TL Sesamöl
1/2 Bd. frischer Koriander, gewaschen, trocken geschüttelt und Blätter abgezupft

1 Rettich in eine Salatschüssel geben, salzen und etwas ziehen lassen

2 Für das Dressing alle Zutaten mischen und mit dem Öl verrühren. Mit Salz und Pfeffer abschmecken.

3 Rettich trocknen und zusammen mit der Melone und der Paprika zum Salat geben. Das Dressing über den Salat träufeln und mischen. Hüttenkäse über den Salat streuen und mit frischem Koriander garnieren.

Tomaten-Mango-Mozzarella-Salat

4 Portionen

ZUTATEN

600 g Tomaten, in Scheiben geschnitten

1 reife Mango, geschält, in Scheiben geschnitten

1 Romanasalat, gewaschen und in mundgerechte Stücke gezupft

3 Frühlingszwiebeln, in Ringe geschnitten

2 EL Balsamico-Essig (ohne Zucker)

1 1/2 EL Olivenöl

Salz und Pfeffer

1/2 Bd. frischer Basilikum, fein gehackt, ein paar Blätter für die Garnitur aufheben

150 g Mozarella, in Stücke geschnitten

1 Tomaten, Mango, Salat und Frühlingzwiebeln in eine Salatschüssel geben.

2 Balsamico-Essig mit Öl verrühren, gehacktes Basilikum dazugeben und mit Salz und Pfeffer abschmecken.

3 Mozarella über den Salat verteilen.

4 Mit frischen Basilikumblättchen garnieren.

Avocado-Birnen-Salat

2 Portionen

ZUTATEN

- 1 Avocado, geschält, entkernt und in dünne Scheiben geschnitten
- 1 Birne (am besten eignet sich Abate Fetel), geschält, entkernt, in dünne Scheiben geschnitten
- 50 g Parmesan, gehobelt

DRESSING

- 1 1/2 Zitronen, gepresst
- 3 EL Olivenöl
- 10 g Pinienkerne
- Salz und Pfeffer

1 Avocadoscheiben fächerförmig auf einem großen Teller auslegen. Birnenscheiben auf die Avocado legen. Parmesan darauf verteilen.

2 Zutaten für das Dressing verquirlen, mit Salz und Pfeffer abschmecken und auf den Salat geben. 10–15 Minuten durchziehen lassen.

3 Pinienkerne in einer Pfanne fettfrei goldbraun anrösten und über den Salat streuen.

TIPP

Dieser Salat gehört zu meinen Lieblingsrezepten im Sommer. Einerseits schmeckt er wunderbar als Vorspeise, andererseits ist er ein leichtes, erfrischendes Hauptgericht.

Lauwarmer Salat mit Bulgur und Halloumi

2 Portionen

ZUTATEN

- 100 g Bulgur (verwenden Sie Qinoa, wenn Sie unter einer Glutenunverträglichkeit leiden)
- 200 ml Gemüsebrühe
- 45 g Kichererbsen aus der Dose
- 1 kleine Aubergine, in Scheiben geschnitten
- 1 große Fleischtomate, in Scheiben geschnitten
- 1 mittelgroße rote Zwiebel, in Ringe geschnitten
- 1 Knoblauchzehe, feingehackt
- 4 Scheiben Halloumi (Käse aus Schafsmilch), ersatzweise auch Fetakäse
- Olivenöl
- Salz und Pfeffer
- Saft und abgeriebene Schale 1/2 Zitrone
- Ein paar Zweige Minze (ersatzweise glatte Petersilie)

1 Backofen auf 180 °C (Umluft entsprechend weniger) vorheizen.

2 Auberginenscheiben mit Olivenöl beträufeln, salzen und pfeffern und auf ein Backblech geben. Nach ca. 10 Minuten die geschnittene Tomate, Zwiebel und Knoblauch dazugeben. Evtl. noch etwas Olivenöl hinzufügen. Weitere 20 Minuten backen, dabei aufpassen, dass nichts anbrennt, öfter umrühren.

3 In der Zwischenzeit Bulgur mit Gemüsebrühe laut Packungsanleitung kochen. Kichererbsen abgießen und zum Bulgur geben. Abgeriebene Zitronenschale und Zitronensaft dazugeben und die Hälfte der gehackten Minze (oder Petersilie) unterrühren.

4 Die Halloumischeiben in etwas Olivenöl anbraten.

5 Bulgur auf zwei Teller anrichten, Auberginengemüse über den Bulgur verteilen. Die Halloumischeiben darauf anrichten und mit Minze bestreut servieren.

TIPP

Schmeckt köstlich! Kann auch kalt gegessen werden.

Lauwarmer Gemüsesalat

4 Portionen

ZUTATEN

Je 1 grüne, rote und gelbe Paprika, in Stücke geschnitten
1 grüne oder 1 gelbe Zucchini, in Stücke geschnitten
1 Aubergine, in Stücke geschnitten
1 Fenchel, in Stücke geschnitten
1 rote Peperoni, entkernt, in kleine Würfel geschnitten

DRESSING

je 3 EL Limetten und Orangensaft
Olivenöl
Meersalz und frisch gemahlener Pfeffer

1 Gemüse grillen oder in einer Pfanne bissfest garen. Anschließend in eine Salatschüssel legen. Peperoni dazugeben.

2 Limetten- und Orangensaft mit etwas Salz verrühren, dann tropfenweise das Olivenöl unterschlagen, bis eine cremige Soße entsteht. Mit Meersalz und frisch gemahlenem Pfeffer abschmecken, dann das Dressing über das Gemüse geben.

TIPP

Passt wunderbar zu gegrilltem Fisch und Fleisch.

Bohnenpüree mit geschmolzenen Tomaten

2 Portionen

ZUTATEN

- 200 g getrocknete weiße große Bohnen, ersatzweise weiße Riesenbohnen aus der Dose (ca. 240 g)
- 1 kleine Zwiebel, mit 2 Nelken gespickt
- 1 Lorbeerblatt
- 3/4 l Gemüsebrühe
- 1 Knoblauchzehe, durchgepresst
- 1 Zitrone, etwas Schale fein abgerieben
- 4 EL Olivenöl
- 1/2 Bd. glatte Petersilie, fein gehackt
- Salz und Pfeffer

GESCHMOLZENE TOMATEN

- 2 Tomaten
- 20 g kalte Butter
- Salz und Pfeffer

1 Getrocknete Bohnen 24 Stunden in kaltem Wasser einweichen. Am nächsten Tag Wasser abgießen und die Bohnen mit der Gemüsebrühe, dem Lorbeerblatt und der Zwiebel aufsetzen und im geschlossenen Topf 1 Stunde bei niedriger Temperatur köcheln lassen, bis die Bohnen weich sind. Danach die Zwiebel entfernen, Bohnen abgießen, dabei die Flüssigkeit auffangen.

2 Bohnen pürieren und mit den übrigen Zutaten verrühren. Eventuell etwas von dem Bohnenkochwasser verwenden, um es sämig zu machen.

3 Wenn es schnell gehen soll, verwenden Sie statt der getrockneten Bohnen fertige Bohnen aus der Dose, die Sie einfach erhitzen und dann mit den Zutaten Knoblauch, Olivenöl, Zitrone und Petersilie ergänzen. Der Zubereitungsschritt 1 entfällt dann.

5 Tomaten kurz in kochendem Wasser blanchieren, die Haut abziehen und würfeln. Tomatenwürfel in einen kleinen Topf geben und erhitzen. Kalte Butter unterheben, verrühren und mit Salz und Pfeffer würzen.

6 Bohnenpüree mit den geschmolzenen Tomaten servieren.

TIPP

Sie können die geschmolzenen Tomaten zusätzlich mit klein geschnittenen getrockneten Tomaten (aus dem Glas) verfeinern.

Blumenkohl mit Zucchinipesto

2 Portionen

ZUTATEN

1 kleiner Blumenkohl, ohne Strunk, in Röschen zerteilt
Salz
50 ml Schlagsahne
30 g Butter

PESTO

1 Zucchini, in ca. 2 cm lange Stücke geschnitten
2 Stiele Minze, Blätter abgezupft und fein geschnitten
4 EL Olivenöl
Salz, Pfeffer, etwas Süßungsmittel
1 EL Weißweinessig

1 Ein Drittel des Blumenkohls in kochendem Salzwasser in 4–5 Minuten leicht bissfest garen, herausnehmen, abschrecken und abtropfen lassen. Röschen in Scheiben schneiden und beiseitestellen.

2 Den restlichen Blumenkohl im selben Topf 7–8 Minuten garen, danach ebenfalls herausnehmen und abtropfen lassen. Den weichen Blumenkohl klein schneiden und zusammen mit Sahne und etwas Wasser in ein hohes Gefäß geben. Mit einem Stab sehr fein pürieren. Mit Salz würzen.

4 2 EL Öl in einem Topf erhitzen, Zucchini darin bei mittlerer Hitze in ca. 5 Minuten bissfest garen. Mit Salz, 1 Prise Zucker und Pfeffer würzen und abkühlen lassen.

5 Für das Pesto 50 g der Zucchini mit dem restlichen Öl, Essig und Minze in einem hohen Gefäß pürieren, mit Salz und Pfeffer abschmecken.

6 Blumenkohlpüree langsam erwärmen. Butter in einer beschichteten Pfanne erhitzen. Blumenkohlscheiben darin bei mittlerer bis starker Hitze in 3–4 Minuten rundherum goldbraun braten, leicht salzen und pfeffern.

7 Blumenkohl mit Püree, Zucchini-Gemüse und Pesto servieren.

Linsenbratlinge mit Curry-Mayonnaise

4 Portionen

LINSENBRATLINGE

100 g Linsen, gekocht
1 kleine Karotte, fein geraspelt
1 Zwiebel, fein gewürfelt
2 EL Haferflocken
1 EL Sesamsaat
1 Knoblauchzehe, durchgepresst
1 EL Vollkornmehl
1 Ei
Salz und Pfeffer
1 EL Öl

CURRY-MAYONNAISE

1 Becher griechischer Joghurt
Curry
1 Eigelb
Dijon-Senf
1 TL Süßungsmittel (Erythrithol oder Zucker)

1 Die Linsen in ca. 25 Minuten weich kochen und abgießen. Karotte, Zwiebel und Knoblauch mit den Linsen vermischen und mit Sesamsaat, Haferflocken, Vollkornmehl und dem Ei verrühren. Mit Salz und Pfeffer würzen und 30 Minuten ruhen lassen.

2 Aus der Masse Bratlinge formen und in heißem Öl von jeder Seite ungefähr 5 Minuten braten.

3 Für die Curry-Mayonnaise den Joghurt mit dem Eigelb, Dijon-Senf, Curry und Süßungsmittel verquirlen.

4 Mit den Linsenbratlingen servieren.

TIPP

Zu Linsen passt Kreuzkümmel. Bei gekochten Hülsenfrüchten hilft es, das Kochwasser wegzuschütten, da sich darin besonders viele blähende Wirkstoffe befinden.

Sauerkraut-Fenchel-Tarte

12 Stücke

TEIG

- 200 g feines Dinkel- oder Buchweizenmehl
- 1 TL Fenchelsaat
- 100 g Frischkäse
- 75 g Butter, zimmerwarm
- 1 Ei

FÜLLUNG

- 1 kleine Dose mildes Sauerkraut
- 1 Fenchelknolle, in feine Streifen geschnitten
- 2 Schalotten oder 1 Zwiebel, fein gehackt
- 80 g Bergkäse, gerieben
- 100 g Frischkäse
- 60 ml Sahne
- 40 ml Gemüsebrühe
- 3 Eier
- 100 g Kirschtomaten
- Salz und Pfeffer

1 Backofen auf 200 °C (Umluft 180 °C) vorheizen.

2 Fenchelsaat in einem Mörser fein zerstoßen und zum Teig geben.

3 Mehl, Butter, Frischkäse und Ei zu einem glatten Teig kneten. In Klarsichtfolie wickeln und für 1 Stunde in den Kühlschrank legen.

5 Sauerkraut im Sieb abtropfen lassen.

6 Sahne, Gemüsebrühe, Frischkäse, Käse, Schalotten, Eier, Salz und Pfeffer mischen und mit dem Sauerkraut und dem Fenchel unterheben.

7 Teig auf einer bemehlten Arbeitsfläche ausrollen und in eine gefettete Tarte-Form legen, Rand andrücken. Die Füllung auf dem Teig verteilen. Die Tomaten auf die Tarte geben und ca. 50 Minuten auf der untersten Schiene backen.

8 Tarte vor dem Servieren etwas abkühlen lassen.

TIPP

Sie können als Teig auch den Quicheteig von Seite 173 verwenden. Zusätzlich können Sie die Tarte mit 100 g dünn geschnittenem Schinken belegen.

Schafskäse-Terrine mit Paprika

4 Portionen

TERRINE

400 g Frischkäse, vorzugsweise aus Schafsmilch
250 g Joghurt
5 Blatt Gelatine
3 EL Olivenöl
1 EL Zitronensaft
frischer Schnittlauch und Petersilie, fein geschnitten
1/4 EL zerstoßene Fenchelsamen
schwarzer Pfeffer und Salz

GEMÜSE

2 rote Paprika und je 1 grüne und gelbe Paprika, enthäutet
1 Zitrone
1 Knoblauchzehe, durchgepresst
1 TL Honig
3 EL Olivenöl
Salz und Pfeffer

1 Gelatine kurz in kaltem Wasser einweichen, ausdrücken und in warmem Olivenöl auflösen. Abkühlen und mit Frischkäse und Joghurt verrühren. Mit Zitronensaft, Schnittlauch, Petersilie und Salz abschmecken.

2 Eine kleine Terrinenform mit Frischhaltefolie auskleiden, mit Fenchelsamen und schwarzem Pfeffer bestreuen und den Frischkäse einfüllen. Mindestens 3–4 Stunden im Kühlschrank fest werden lassen.

3 Grill im Backrohr einschalten. Paprika waschen, halbieren und säubern. Auf ein Backblech geben und so lange unter den Grill legen, bis sie Blasen werfen. Auf eine Platte geben und für 10 Minuten mit einem feuchten Tuch bedecken. Danach lässt sich die Haut leicht ablösen.

4 Marinade aus Knoblauch, Zitronensaft, Honig und Olivenöl mischen. Mit Salz und Pfeffer abschmecken und über die Paprika geben.

5 Terrine stürzen, Folie entfernen und in Scheiben schneiden.

6 Paprika auf Teller anrichten, Terrinenscheiben darauflegen und restliche Marinade darüber verteilen. Mit Schnittlauch garnieren.

TIPP

Sieht komplizierter aus, als es ist. Der Aufwand lohnt sich!

Pilze mit Kichererbsenpüree

2 Portionen

ZUTATEN

- 250 g gemischte Pilze (Champignons, Pfifferlinge, Austernpilze)
- 1 kl. Päckchen getrocknete Steinpilze (ca. 5 g)
- 200 ml Gemüsebrühe
- 100 g Petersilienwurzel, geschält und geraspelt
- 1 TL Olivenöl
- 1 Dose Kichererbsen (ohne Flüssigkeit ca. 200g)
- 1 Prise frischer Muskat
- 125 ml Sahne
- 1 Bd. Schnittlauch, in feine Ringe geschnitten

1 Gemüsebrühe erhitzen.

2 Pilze in ein kleines Sieb geben, gut abspülen und mit der Hälfte der Gemüsebrühe in einer Schüssel ca. 1/2 Stunde einweichen.

3 Gemischte Pilze mit einem Pinsel oder einer Küchenrolle säubern und halbieren.

4 Petersilienwurzel mit dem Rest der Gemüsebrühe weich dünsten.

5 Pilze in einer beschichteten Pfanne mit Olivenöl anbraten. Die eingeweichten Steinpilze mit der Flüssigkeit dazugeben und bei geschlossenem Deckel ca. 10 Minuten dünsten.

6 Kichererbsen in ein Sieb geben und abtropfen lassen. Die Kichererbsen zu der Petersilienwurzel geben und erhitzen. Mit dem Stabmixer fein pürieren. Mit Salz, Pfeffer und Muskat abschmecken.

7 Die Pilze mit Sahne verfeinern. Salzen und pfeffern nach Geschmack. Zusammen mit den Kichererbsen servieren und mit Schnittlauch bestreuen.

Kürbis-Curry

2 Portionen

ZUTATEN

- 1 Dose Kichererbsen (400 g)
- 500 g Hokkaido-Kürbis, geschält, entkernt, in Würfel geschnitten
- 1 Bd. Frühlingszwiebeln, in feine Ringe geschnitten
- 2 Tomaten
- 1 1/2 EL Öl
- 1 TL scharfes Currypulver
- 400 ml Gemüsebrühe
- Salz
- 1 EL zuckerfreie Aprikosenkonfitüre
- 1 EL Limettensaft

1 Die Kichererbsen durch ein Sieb abgießen und kalt abspülen.

2 Tomaten kurz heiß überbrühen und die Schale entfernen. Tomaten klein schneiden.

3 Öl in einem Topf erhitzen, Kürbis und Frühlingszwiebeln darin andünsten. Currypulver dazugeben und kurz mit dünsten.

4 Brühe, Tomaten und Kichererbsen zugeben, aufkochen und zugedeckt ca. 10 Minuten garen. Mit Salz, Aprikosenkonfitüre und Limettensaft abschmecken.

Kürbis aus dem Backofen

2 Portionen

ZUTATEN

- 1 kg Hokkaido-Kürbis, geschält, entkernt, in Würfel geschnitten
- 50 g Butter
- 1 EL Zucker (Erythritol)
- 1 TL Zimt
- 1/2 TL Garam Masala oder Currypulver
- Salz

1 Backofen auf 200 °C (Umluft 180 °C) vorheizen.

2 Kürbis in eine flache Auflaufform geben.

3 Butter in einem kleinen Topf schmelzen und mit Zucker (Erythritol), Zimt, Garam Masala und Salz mischen.

4 Buttermischung gleichmäßig über den Kürbis verteilen.

5 Kürbis ca. 35 Minuten im Backofen backen.

TIPP

Gebackener Kürbis schmeckt sehr lecker und kann allein oder als kohlenhydratarme Beilage zu Fleisch gegessen werden. Weitere Variante: mit Ziegenkäse und Salat.

Überbackener Mozzarella mit Tomaten und Oliven

2 Portionen

ZUTATEN

- 2 St. Büffelmozarella
- 1 Tomate, in kleine Würfelchen geschnitten
- 20 g entsteinte Oliven, fein geschnitten
- 3 Zweige Basilikum, klein gehackt (ein paar Blätter zurückbehalten)
- 1 Knoblauchzehe, durchgepresst
- etwas abgeriebene Schale einer Bio-Zitrone oder -Limette
- 1/4 TL Sambal Oelek
- 10 g Vollkornsemmelbrösel
- 6 Kirschtomaten, gewaschen
- 2 EL Olivenöl

1 Ofen auf 220 °C vorheizen. (Umluft 200 °C).

2 Oliven mit Zitronenschale, Knoblauch, Sambal-Oelek, Semmelbrösel und Basilikum mit dem Mixer zerkleinern und mit den Tomatenwürfeln mischen.

3 Abgetropften Mozzarella in eine feuerfeste Form geben. Anschließend die Tomaten-Oliven-Brösel-Mischung auf dem Mozzarella verteilen.

4 Mit Olivenöl beträufeln und zusammen mit den Kirschtomaten 4–5 Minuten im vorgeheizten Backofen backen.

5 Mit Basilikumblättchen garnieren und sofort servieren.

TIPP

Dazu passen Vollkornbaguette, getoastetes Vollkornbrot oder knuspriges Fladenbrot.

Zucchini-Spaghetti mit Pesto

2 Portionen

ZUTATEN

2 Zucchini, in dünne Streifen geschnitten
50 ml Gemüsebrühe

PESTO

50 g Pinienkerne
2 frische Knoblauchzehen, durchgepresst
1 Bd. fr. Basilikum, in feine Streifen geschnitten, ein paar Blätter für die Garnitur aufgehoben
50 g Parmesan, fein gerieben
50 ml Olivenöl
Salz und Pfeffer

1 Pinienkerne ohne Fett goldbraun rösten, abkühlen lassen.

2 Für das Pesto Parmesan, Knoblauch, Pinienkerne, Basilikum und Olivenöl fein pürieren.

3 Zucchini waschen und, am besten mit einem Spiralschneider, in dünne Streifen schneiden. Man kann auch einen Gemüse- oder Julienneschäler verwenden. Das Ergebnis sieht aus wie Bandnudeln. Zucchini-Nudeln kann man entweder roh oder auch kurz blanchiert (1 Minute in kochendem Wasser oder Gemüsebrühe) genießen.

4 Pesto mit den Zucchini-Spaghetti mischen und mit Basilikumblättchen garniert servieren.

TIPP

Sie können das Pesto auch anstelle von Basilikum mit 120 g Rucola (Rauke) machen. Das fertige Pesto kann man in einem Glas mehrere Tage im Kühlschrank aufbewahren.

Selleriepüree

2 Portionen

ZUTATEN

- 400 g Knollensellerie, geschält, in Würfel geschnitten
- 100 g Schlagsahne
- 100 ml Gemüsebrühe
- 1 Lorbeerblatt
- 1 EL Petersilie
- Salz
- Pfeffer
- Muskatnuss
- 1 Prise Cayennepfeffer
- 10 g Butter

1 Die Sellerie-Würfel zusammen mit dem Lorbeerblatt in einen Topf geben und mit Brühe bedeckt ungefähr 20 Minuten garen. Der Sellerie sollte schön weich und gut durch sein.

2 Petersilie waschen und fein hacken.

3 Sellerie abgießen. Dabei die Kochflüssigkeit in einer Schüssel auffangen. Lorbeerblatt entfernen. Sahne dazugeben, dann Selleriewürfel mit dem Schneidstab fein pürieren. Sollte es zu fest werden, kann noch etwas von der Kochflüssigkeit hinzugefügt werden. Mit Salz, Pfeffer und Muskat abschmecken. Mit einem Stück Butter verfeinern und mit gehackter Petersilie bestreut servieren.

TIPP

Sellerie ist ein guter Ersatz für Kartoffelpüree mit dem Vorteil eines niedrigen Kohlenhydratgehalts. Passt gut zu Fleisch und Fisch.

Sie können das Püree auch mit Möhren machen: 400 g Möhren putzen und in dünne Scheiben schneiden, in 2 Teelöffel Butter andünsten. Mit Salz, Pfeffer und 1 Prise Süßungsmittel würzen. 100 ml Wasser zugeben und zugedeckt bei mittlerer Hitze ca. 12 Minuten dünsten. Dann fein pürieren und mit 1 Esslöffel Petersilie bestreuen.

…Carb-
…er-Käse-Quiche

…h ein Sieb drücken. Mit dem Mandelmehl, etwas Salz …n Butterstückchen verkneten. Den Teig zu einer Kugel …rsichtfolie wickeln und für 1 Stunde in den Kühlschrank …

… für die Füllung gut miteinander vermischen.

…f 180 °C (Umluft 160 °C) vorheizen.

… ausfetten. Den Teig ausrollen und die Ränder mit hoch-…usrollen braucht man eventuell ein wenig Mehl. Den …Gabel mehrmals einstechen.

5 Die Füllung in die Form geben und die Quiche 40–45 Minuten im Ofen backen.

3 Eier
100 g geriebener Käse (z.B. Bergkäse)
1 Prise Muskatnuss
Kräuter nach Wahl, z.B. Schnittlauch, Estragon, Kerbel
wenig Salz und Pfeffer

TIPP

Alternativ kann man eine klassische Quichefüllung mit 5 großen, in Ringe geschnittenen Zwiebeln, kleinen Speckstückchen, 4 Eiern und 200 g Schmand füllen. Quichboden eignet sich auch sehr gut für eine Low-Carb-Pizza.

Pellkartoffeln mit Ei und Quark

2 Portionen

ZUTATEN

2 große Kartoffeln, ca. 150 g
200 g Magerquark
4 EL Milch oder 2 EL Sahne
1/2 Bd. Schnittlauch, in feine Röllchen geschnitten
2 Eier
frische Kresse
Salz, Pfeffer

1 Kartoffeln waschen und mit Wasser und Salz in einen Topf geben und ca. 30 Minuten kochen.

2 In der Zwischenzeit den Quark mit der Milch oder der Sahne glatt rühren. Schnittlauch mit dem Quark verrühren. Mit Salz und frischem Pfeffer aus der Mühle würzen.

3 Die Eier in kochendem Wasser 6–7 Minuten kochen.

4 Kräuterquark auf 2 Teller verteilen. Kartoffeln abgießen und mit den gepellten und der Länge nach durchgeschnittenen Eiern auf die Teller geben. Mit Kresse garnieren.

TIPP

Varianten für den Quark:

1) Curry-Quark: Magerquark mit 4 Esslöffel Milch und 1 Esslöffel Curry und etwas Kurkuma glatt rühren.

2) Kürbiskern-Quark: Magerquark mit 4 Esslöffel Milch und 1 Esslöffel Kürbiskernöl glattrühren. Mit 1 durchgepressten Knoblauchzehe verrühren und mit Kürbiskernen und frischer Kresse garnieren.

Eier in Kresse-Soße mit grünem Salat

2 Portionen

ZUTATEN

2 Eier
1 Becher griechischer Joghurt
1 Box frische Kresse
1 grüner Salat
Muskat
Salz und Pfeffer

DRESSING

1/2 EL Balsamicoessig
1 EL Olivenöl
1 TL Dijonsenf
1 Spritzer Zitrone
Salz und Pfeffer

1 Eier anpieksen und in kochendem Wasser ca. 6–7 Minuten kochen, abschrecken, pellen und halbieren.

2 Joghurt, zwei Drittel der Kresse, Salz, Pfeffer und Muskat mischen.

3 Eier und Soße auf Tellern anrichten und die restliche Kresse darüberstreuen.

4 Salat putzen und trocken schleudern.

5 Die Zutaten für die Vinaigrette verrühren, über den Salat geben und mit den Eiern servieren.

Hähnchenfilet mit Paprika-Mango-Salsa

4 Portionen

SALSA

- 2 mittelgroße gelbe Paprika, entkernt und gehackt
- 1 kleine Zwiebel, gehackt
- 2 mittelgroße gelbe Tomaten, gehäutet und halbiert
- 1 Knoblauchzehe, geschält und zerdrückt
- 1 kleine Mango, geschält und klein geschnitten
- 1 EL Sherryessig
- 2 EL brauner Zucker oder Erythritol
- 1 EL Olivenöl
- 1/2 rote Chili, fein gehackt
- Salz & schwarzer Pfeffer

FILET

- 4 Hähnchenfilets
- 1 TL Salz
- 1 EL bunte Pfefferkörner, zerstoßen
- 3 EL Olivenöl

1 Olivenöl in einem mittelgroßen Topf erhitzen. Paprika und Zwiebel hinzufügen und vorsichtig anschwitzen, bis sie beginnen, weich zu werden.

2 Tomaten, Knoblauch, Mango, Chili, Zucker und Sherryessig dazugeben. Topf mit Deckel verschließen und auf der niedrigsten Stufe weitere 25 Minuten unter gelegentlichem Rühren köcheln lassen.

3 Mit dem Pürierstab pürieren, mit Salz und frisch gemahlenem Pfeffer würzen.

4 Hähnchenfilets auf beiden Seiten salzen und pfeffern.

5 Olivenöl in einer Pfanne erhitzen und das Fleisch von jeder Seite anbraten und je nach Größe garen. Zusammen mit der Paprika-Mango-Salsa servieren.

Hähnchen in Maroni-Pilzsoße

2 Portionen

ZUTATEN

- 2 Hähnchenfilets, je 150 g
- 1 Zwiebel, fein gewürfelt
- 125 g Champignons oder Kräuterseitlinge, geputzt und halbiert
- 1 kleiner, säuerlicher Apfel, in Spalten geschnitten
- Salz und Pfeffer
- 2 EL Olivenöl
- 75 ml Weißwein
- 100 g Maronen (es gibt sie tiefgekühlt oder auch vakuumverpackt)
- 200 ml Schlagsahne (wenn möglich, fettreduziert)

1 Fleisch in Streifen schneiden. Öl in einer Pfanne erhitzen. Hähnchenfilet bei starker Hitze scharf anbraten und herausnehmen. Dann Pilze kurz anbraten.

2 Zwiebel und Apfelspalten dazugeben und eine weitere Minute dünsten. Mit Weißwein ablöschen und einkochen lassen. Maronen und Schlagsahne zugeben, aufkochen und cremig einkochen lassen. Mit Salz und Pfeffer würzen.

3 Fleisch in die Soße geben und noch einmal erhitzen. Abschmecken.

TIPP

Geht schnell und ist auch etwas für Gäste.

Libanesisches Rindfleisch mit Linsen

2 Portionen

ZUTATEN

200 g zartes Rindfleisch zum Kurzbraten
1 EL frisch gepresster Limettensaft
1 große rote Zwiebel, in Scheiben geschnitten
200 g Möhren = ca. 3 mittlere Möhren, in Scheiben geschnitten
1 EL Olivenöl
50 g rote Linsen
1/4 TL Chiliflocken
200 ml Hühnerbrühe
2 Minzestängel, feingehackt
1/2 Bd. glatte Petersilie, fein gehackt
150 g Magerjoghurt
1 Prise frisch geriebene Muskatnuss
je zwei Messerspitzen Kardamom- und Zimtpulver
Salz und Pfeffer

1 Rindfleisch von Fett befreien und in etwa 3 cm große Würfel schneiden. Mit dem Limettensaft beträufeln.

2 Zwiebel in einer Pfanne mit dem Öl dünsten, die Möhren dazugeben und einige Minuten weiterdünsten; herausnehmen und das Fleisch scharf anbraten.

3 Die Linsen, Chiliflocken und Brühe dazugeben und weitere 20 Minuten köcheln lassen, bis die Linsen gar sind.

4 Minze und Petersilie mit Joghurt verrühren mit Muskat, Salz und Pfeffer würzen.

5 Den fertigen Rindfleisch/Linsen-Topf mit Kardamom und Zimt bestreuen, mit Salz und Pfeffer abschmecken und auf zwei Tellern anrichten. Die Hälfte des Joghurts jeweils darauf verteilen und mit den Kräutern garnieren.

Zucchini-Spaghetti mit Chili-Rindfleisch-Soße

2 Portionen

SPAGHETTI

2 Zucchini, in dünne Streifen geschnitten
50 ml Gemüsebrühe

SOSSE

150 g Rindfleisch, geschnetzelt
2 EL Zwiebeln, fein gehackt
1 Knoblauchzehe, durchgepresst
etwas Öl
1 Schuss Weißwein
etwas Sahne
1/2 Chilischote, klein geschnitten
2 EL Parmesan
Salz und Pfeffer

1 Zucchini waschen und, am besten mit einem Spiralschneider, in dünne Streifen schneiden. Man kann auch einen Gemüse- oder Julienneschäler verwenden. Das Ergebnis sieht aus wie Bandnudeln. Zucchini-Nudeln können entweder roh oder auch kurz blanchiert (2 Min. in kochendem Wasser oder Gemüsebrühe) gegessen werden.

2 Zwiebeln und Knoblauch mit etwas Öl anschwitzen. Rindfleisch dazugeben und so lange braten, bis das Fleisch leicht braun ist.

3 Mit Weißwein und Sahne ablöschen, eine klein geschnittene halbe Chilischote dazugeben und noch einige Minuten weiterköcheln lassen.

4 2 EL geriebenen Parmesan dazugeben und mit Salz und Pfeffer abschmecken.

5 Zucchini-Spaghetti auf zwei Teller geben und mit der Chili-Rindfleisch-Soße anrichten.

TIPP

Ein schnelles, pikantes Gericht!

Gratiniertes Rinderfilet mit Tomaten und Parmesan

2 Portionen

ZUTATEN

2 Rinderfilets à 180g, aus der Mitte geschnitten
1/2 EL Olivenöl
1 Knoblauchzehe, durchgepresst
1 kleine Zwiebel, fein gehackt
2 Bd. frisches Basilikum, in feine Streifen geschnitten
20 g Pinienkerne
50 g getrocknete Tomaten (aus dem Glas), abgetropft und fein gehackt
20 g Parmesan, grob gerieben
etwas Butterschmalz zum Anbraten
2–3 EL Rotwein
1 TL Butter

1 Filets mit Öl einreiben und pfeffern. Eventuell mit einem Fleischfaden fixieren, damit sie beim Braten nicht auseinanderfallen.

2 Pinienkerne kurz in einer kleinen Pfanne trocken anrösten und mit einem Pürierstab grob zerkleinern.

3 Etwas Öl von den getrockneten Tomaten nehmen und darin die Zwiebel und den Knoblauch glasig dünsten. Dann die getrockneten Tomaten dazugeben und kurz weiterdünsten. Zum Schluss die Pinienkerne und das Basilikum daruntermischen und pfeffern.

4 Butterschmalz in einer Pfanne erhitzen und die Rinderfilets von beiden Seiten jeweils 4–5 Minuten braten. Grill vorheizen.

5 Filets in eine feuerfeste Form geben. Den Bratenfond mit 1 Esslöffel Rotwein lösen und ablöschen, zu der Tomatenmischung geben und die Mischung auf die Filets häufen. Mit dem Parmesan bestreuen und Butterstückchen darauf verteilen. Restlichen Rotwein dazugeben.

6 Auf der 2. Einschubleiste von unten in den Ofen schieben und 5–6 Minuten übergrillen. Vor dem Servieren den Bindfaden entfernen und mit ein paar Blättchen Basilikum garnieren.

TIPP

Sie können das Gericht auch mit Schweinefilets zubereiten. Dazu passt knuspriges Fladenbrot oder getoastetes Low-Carb-Brot (S. 172/171).

Steak mit Röstzwiebeln

2 Portionen

ZUTATEN

2 Rindersteaks, ca. je 150 g (Es geht auch Rumpsteak, wichtig ist, dass es sich zum Kurzbraten eignet.)
3 Zwiebeln, in feine Ringe geschnitten
2 EL Mehl
4 EL Olivenöl
1 gestr. TL Tomatenmark
100 ml trockener Rotwein
1 EL Balsamicoessig
1 kleiner Apfel, in Spalten geschnitten
1 EL kalte Butter
fein gehackte Petersilie
Süßungsmittel (Zucker oder Erythrithol)
Salz und Pfeffer

1 Die Hälfte der Zwiebelringe in Mehl wenden. Anschließend Öl in einen Topf geben und die Ringe im heißen Fett goldgelb frittieren. Auf Küchenpapier abtropfen lassen.

2 Steaks mit 3 Esslöffel Olivenöl in einer Pfanne von jeder Seite kurz anbraten. Salzen, pfeffern und auf einen Teller geben. Restliche Zwiebeln im Bratensaft andünsten. Tomatenmark, Süßungsmittel und Apfelspalten dazugeben und mit Rotwein ablöschen und aufkochen. Mit Balsamico abschmecken. Fleisch wieder zugeben und erwärmen. Kalte Butter in die Sauce einrühren.

3 Alles anrichten und die Röstzwiebeln auf die Steaks verteilen. Mit Petersilie garnieren.

TIPP

Zwiebeln eignen sich hervorragend als Gemüse und sind vielseitig einsetzbar. Dazu passt gut Selleriepüree als Beilage (Seite 144).

Schnitzel mit weißen Bohnen

2 Portionen

ZUTATEN

- 2 Schnitzel à 150 g (zum Kurzbraten)
- 200 ml Gemüsebrühe
- 3 EL Sojasoße
- 1 Glas weiße Bohnen (ca. 300 g)
- 2 Frühlingszwiebeln, in feine Ringe geschnitten
- etwas Bohnenkraut
- 1 EL Olivenöl
- 200 g Frischkäse (0,2% Fett)
- 1 Birne, geschält, entkernt, in Stücke geschnitten
- Salz und Pfeffer

1 150 ml der Gemüsebrühe und die Sojasoße in eine flache Schüssel geben und das Fleisch darin 10 Minuten marinieren.

2 Bohnen durch ein Sieb abtropfen und in einen kleinen Topf füllen. Frühlingszwiebeln zusammen mit der restlichen Gemüsebrühe und dem Bohnenkraut zu den Bohnen geben und ca. 10 Minuten schwach köcheln lassen.

3 Fleisch aus der Marinade nehmen und trocken tupfen. Die Marinade in einen kleinen Topf geben, mit dem Frischkäse verrühren und bei starker Hitze dickflüssig einkochen.

4 Fleisch scharf von beiden Seiten anbraten und je nach Dicke einige Minuten braten, salzen und pfeffern.

5 Birnenstücke unter die Bohnen heben.

6 Fleisch mit Bohnen und der Frischkäsesoße servieren.

Japanisches Rindertatar-Nigiri mit Ei

2 Portionen

ZUTATEN

100 g Rindertatar
125 g Sushi-Reis
1 Prise Paprikapulver, edelsüß
1 eingelegtes Sardellenfilet, fein gehackt
1/2 TL Kapern, feingehackt
1 TL Teriyaki-Soße (im Asialaden erhältlich)
1 EL Olivenöl
2 Eier
1/2 Bd. Schnittlauch, in feine Ringe geschnitten
1 Prise Süßungsmittel (Zucker oder Erythritol)
Salz und Pfeffer

1 Sushi-Reis nach Packungsanleitung in Salzwasser kochen und abkühlen lassen.

2 Rindertartar mit Süßungsmittel, Paprika, Sardellen, Kapern, Teriyaki-Soße, Salz und Pfeffer mischen. Wer es gerne pikanter möchte, kann einen halben Teelöffel Sambal Oelek hinzufügen.

3 Reis in eine kleine runde oder eckige Form füllen, festdrücken und auf einen Teller stürzen. Darauf das Tatar geben und etwas flach drücken.

4 Öl in einer Pfanne erhitzen und die Eier als Spiegeleier braten. Auf das Tatar setzen und mit Salz, Pfeffer und Schnittlauch bestreuen. Sofort servieren.

Feigen mit Schinken

2 Portionen

ZUTATEN

- 2 reife Feigen, in Spalten aufgeschnitten
- 50 g Schinken (z.B. Serrano-Schinken, Parmaschinken)
- 1 kleine Tomate, in Spalten geschnitten
- 1 St. Parmesan, gerieben
- 20 g Pinienkerne, in der Pfanne kurz geröstet
- 6 Blättchen frisches Basilikum
- 1 EL Balsamico-Essig
- frischer Pfeffer aus der Mühle

1 Feigen auf einem großen Teller anrichten, mit Schinken und Tomaten garnieren.

2 Parmesan drüberstreuen, Balsamico-Essig drüberträufeln und zusammen mit Pinienkernen und Basilikum servieren.

Schnelles Vitello Tonnato

2 Portionen

ZUTATEN

300 g geräucherte Hühnerbrust, in dünne Scheiben geschnitten

SOSSE

- 3 EL Mayonnaise
- 1 Spritzer Worcestershiresoße
- 2 EL Zitronensaft
- 150 g saure Sahne
- 2 EL süße Sahne
- 50 g Thunfisch, in Öl eingelegt
- 1 kl. Sardellenfilet, fein geschnitten
- 20 g Kapern fein gehackt, einige für die Garnierung ganz lassen

1 Thunfisch und Sardellen abtropfen lassen. Mit der Mayonnaise, einem Spritzer Worcestershiresoße und der süßen und sauren Sahne im Mixer fein pürieren.

2 Mit Zitronensaft mischen und die Kapern dazugeben.

3 Die Hühnerbrustscheiben auf einer Platte anrichten und die Soße darüber verteilen. Mit Folie bedeckt einige Zeit (mindestens 3 Stunden) im Kühlschrank ziehen lassen. Eine halbe Stunde vor dem Servieren herausnehmen und mit den Kapern garnieren. Je nach Geschmack kann man das Gericht mit Cocktailtomaten, gekochten Eiern, Oliven und Kapernfrüchten servieren.

TIPP

Dazu passen getoastetes Eiweiß- oder Low-Carb-Brot (Seite 170/171) oder Grissini. Dieses Vitello Tonnato haben Sie im Handumdrehen fertig, es eignet sich auch als raffinierte Vorspeise oder als Teil eines Buffets.

Salat mit Fisch und Sesamdressing

2 Portionen

ZUTATEN

- 150g weißer Fisch in Sashimi-Qualität (z.B. Kabeljau, Meerbrasse oder Schellfisch)
- gemischter grüner Salat, gezupft
- 2 Frühlingszwiebeln
- 1 Knoblauchzehe, durchgepresst
- 1/2 EL Olivenöl
- 1/2 Bd. Schnittlauch, fein geschnitten

DRESSING

- 1 1/2 EL Sesampaste in guter japanischer Qualität, ersatzweise Tahin
- 1 EL heißes Wasser und etwas Instant-Gemüse- oder -Hühnerbrühe
- 1 EL Süßungsmittel (Erythritol, ersatzweise 1/2 EL Zucker oder ein Spritzer Stevia)
- je 1/2 EL Reisessig und 1/2 EL Sojasoße, nach Geschmack etwas Sambal Oelek oder Chilipaste
- 1 EL grob gemahlene Sesamsamen
- frisch gemahlener schwarzer Pfeffer

1 Fisch waschen und trocken tupfen. Mit Salz und Pfeffer würzen und in einer Pfanne mit etwas Öl anbraten, Knoblauch dazugeben und braten, bis er gar ist. Abkühlen lassen und in Stücke schneiden.

2 Salat waschen und trocken schleudern.

3 Die Zutaten für das Sesamdressing der Reihe nach vermischen, zum Schluss die Sesamsamen dazugeben.

4 Salat anrichten, den Fisch darauf verteilen und mit dem Dressing beträufeln.

5 Frühlingszwiebeln und Schnittlauch darauf verteilen und mit schwarzem Pfeffer aus der Mühle abschmecken.

Forelle auf Rote-Bete-Salat

2 Portionen

ZUTATEN

- 2 geräucherte Forellenfilets, alternativ geräucherte Makrele
- 250 g Rote Bete (vakuumverpackt, vorgekocht)
- 1/2 roter Apfel, entkernt, fein gewürfelt
- 3 EL Apfelessig
- 1 EL Olivenöl
- Bund Dill, fein gehackt
- 30 g frischer Meerrettich
- Süßungsmittel
- Salz und Pfeffer

1 Die Apfelwürfel sofort mit Apfelessig, Salz, Pfeffer, einer Prise Süßungsmittel und dem Olivenöl mischen, damit sie sich nicht braun färben.

2 Dill unterrühren.

3 Meerrettich schälen und in feine Streifen schneiden. Rote Bete in Scheiben schneiden und auf zwei Tellern anrichten. Forelle oder Makrele ggf. aus der Haut lösen, in mundgerechte Stücke teilen und auf die Rote Bete geben. Alles mit der Apfelvinaigrette beträufeln und mit dem Meerrettich bestreuen.

Fisch mit roter Mojo-Soße

4 Portionen

FISCH

- 4 Fischfilets
- 3 EL Olivenöl

MOJO-SOßE

- 1 Aubergine (300 g), enthäutet
- 2 rote Paprikaschoten (ca. 300g)
- 100 g Tomaten
- 30 g Mandelblättchen
- 1/2 TL Kreuzkümmel
- 1 Knoblauchzehe, fein gehackt
- 8 Stiele Minze
- Salz, Pfeffer, Zucker (alternativ Stevia oder Erythritol)
- 1 EL Limettensaft

1 Für die Mojo-Soße die Aubergine waschen, die Schale der Länge nach leicht einritzen und die Aubergine im vorgeheizten Backofen bei 180 °C (Gas 2–3, Umluft ca. 40 Minuten bei 170 °C) auf der 2. Schiene von unten 45 Minuten garen. Anschließend herausnehmen, längs halbieren und das Fruchtfleisch mit einem Löffel herauslösen.

2 Paprikaschoten putzen, vierteln und entkernen. Mit der Hautseite nach oben auf ein Backblech legen und im vorgeheizten Backofengrill 8–10 Minuten grillen, bis die Haut Blasen wirft. Herausnehmen, mit einem feuchten Geschirrtuch bedecken und 10 Minuten ausdämpfen lassen. Dann Paprika häuten und in grobe Stücke schneiden.

3 Tomaten waschen und den Strunk keilförmig herausschneiden. Tomaten vierteln, entkernen und grob schneiden. Minze waschen, Blätter abzupfen und grob schneiden.

4 Mandeln und Kreuzkümmel in einer Pfanne ohne Fett goldbraun rösten.

5 Auberginen, Paprika, Tomaten, Mandeln, Kreuzkümmel, Knoblauch und Minze mit dem Pürierstab pürieren und mit Salz, Pfeffer, 1 Prise Zucker und Limettensaft würzen.

TIPP

Der Aufwand lohnt! Rote Mojo-Soße passt auch sehr gut zu Fleisch.

Schnelles Lachstartar

2 Portionen

ZUTATEN

- 200 g sehr frisches Lachsfilet (küchenfertig, ohne Haut)
- 1 kleine Knoblauchzehe, fein gehackt
- 3 EL Olivenöl
- 1 EL Sojasoße
- 150 g Salatgurke, in dünne Stifte geschnitten
- 1 Salatherz, gewaschen und in mundgerechte Stücke gezupft
- 1 grüner Apfel, in dünne Stifte geschnitten
- 2 EL Zitronensaft
- 1 Frühlingszwiebel, das helle Innere fein gewürfelt
- 1 EL geröstete, gesalzene Cashewkerne, fein gehackt
- 1 TL Sesamöl
- 1 Prise Süßungsmittel (Zucker oder Erythritol)
- 1/2 Box Kresse
- Salz und Pfeffer

1 Cashewkerne und Knoblauch mit 2 Esslöffel Olivenöl im Mörser fein zerstoßen. Mit Sojasoße und Pfeffer würzen.

2 Lachs, Gurke, Apfel und Frühlingszwiebel wie angegeben vorbereiten. Apfelstifte sofort mit Zitronensaft beträufeln, damit sie nicht braun werden.

3 Lachs und Frühlingszwiebel mischen. Mit Olivenöl, Sesamöl, restlicher Sojasoße, 1 Esslöffel Zitronensaft, Salz und einer Prise Süßungsmittel würzen.

4 Salat mit restlichem Zitronensaft und Olivenöl, Salz und einer Prise Süßungsmittel mischen. Salat mit Lachstatar, Gurken- und Apfelstiften anrichten und mit Cashew-Knoblauch-Öl beträufeln. Mit Kresse garniert servieren.

Matjes mit Bohnen und Kartoffeln

4 Portionen

ZUTATEN

- 200 g Matjesfilets
- 500 g festkochende Kartoffeln
- 500 g grüne Bohnen
- 200 ml Gemüsebrühe
- 1 Bd. Schnittlauch, in feine Röllchen geschnitten
- 2 EL Weißweinessig
- 250 g Dickmilch oder Joghurt (1,5% Fett)
- 1 Apfel, in Scheiben geschnitten
- Salz und Pfeffer

1 Kartoffeln waschen und in Salzwasser weich kochen.

2 In der Zwischenzeit Bohnen putzen, Enden abschneiden und einmal schräg in der Mitte durchschneiden. In der Gemüsebrühe 15–20 Minuten garen.

3 Kartoffeln abschrecken und pellen, in Scheiben schneiden und zusammen mit den Bohnen und der Hälfte der Brühe in eine Schüssel geben. Etwas abkühlen lassen.

4 Dickmilch, Äpfel, Essig und den größten Teil des Schnittlauchs zu den Kartoffeln geben. Mit Salz und Pfeffer würzen und gut durchmischen, durchziehen lassen.

5 Matjesfilets kurz abspülen, trocknen und in 2 cm breite Stücke schneiden.

6 Matjes auf den Salat geben und mit Schnittlauch belegen.

Gebratene Thunfischsteaks

4 Portionen

STEAK

4 Thunfischsteaks
2 EL Sesam- oder Olivenöl
1 kleine getrocknete rote Chilischote, klein gekackt
1 Knoblauchzehe, durchgepresst
nach Wahl 1 TL Koriander- oder Sesamsamen
4 Stängel Basilikumblätter, die Blätter gehackt
1/2 Bd. Koriander, fein gehackt
Saft von 1 Zitrone
Salz und Pfeffer

SALAT

gemischter, grüner Salat, gewaschen und in mundgerechte Stücke gezupft
1 Avocado, halbiert: eine Hälfte in Scheiben geschnitten für den Salat verwenden, die andere für das Dressing

DRESSING

1/2 Avocado (s.o.)
2 EL Olivenöl
1/2 Limette, durchgepresst
Salz und Pfeffer

1 Koriander-oder Sesamsamen mit der Chilischote im Mörser zerstoßen. In eine kleine Schüssel geben und mit Zitronensaft, Knoblauch, Basilikum und frischem Koriander mischen und mit Salz und Pfeffer abschmecken.

2 Thunfischsteaks salzen, pfeffern und mit der Kräutermischung einreiben. Steaks in Sesamöl scharf anbraten und nach 1 Minute wenden. Je nach Dicke der Steaks noch einmal 1–2 Minuten braten.

3 Die Zutaten für das Dressing in ein hohes Gefäß geben und mit dem Stabmixer pürieren. Über den Salat geben und zusammen mit den Thunfischsteaks servieren.

Lachsterrine

2 Portionen

ZUTATEN

- 500 g Räucherlachs, in Streifen geschnitten
- 200 ml saure Sahne
- 6 Blatt weiße Gelatine
- 2 EL Ketchup
- Saft 1/2 Zitrone
- 2 EL frischen Orangensaft
- 2 Bund frischen Dill, fein gehackt
- 150 ml Fischfond
- Salz und schwarzer Pfeffer

SOẞE

- 1 Becher Joghurt
- 1 Becher Schmand
- 2–3 Tropfen Sojasoße
- frische Kräuter der Saison, fein gehackt

1 Gelatine in kaltem Wasser einweichen.

2 Lachs mit saurer Sahne, Ketchup, Zitronen- und Orangensaft, der Hälfte des Dills , Salz und frischem Pfeffer in eine Rührschüssel geben.

3 Fischfond in einem kleinen Topf erwärmen, ausgedrückte Gelatine dazugeben und darin auflösen. Danach in die Rührschüssel zu den anderen Zutaten geben.

4 Alles mit dem Pürierstab fein pürieren und in eine Terrinenform geben. Für mindestens 6 Stunden oder über Nacht in den Kühlschrank stellen.

5 Vor dem Servieren die Lachsterrine aus der Form stürzen und nach Belieben mit frischem Dill oder Zitronenstückchen garnieren.

6 Für die Kräutersoße alle Zutaten gründlich verrühren und mit Salz und Pfeffer abschmecken. Soße zur Lachsterrine reichen.

TIPP

Diese Terrine gehört zu meinen langjährigen Lieblingsrezepten und ist blitzschnell zubereitet. Sie paßt als Vorspeise auf Eisbergsalat angerichtet oder auch als Hauptgang zusammen mit kleinen Pellkartoffeln.

Miesmuscheln à la Paris

4 Portionen

ZUTATEN

- 3 kg Miesmuscheln
- 2 Zwiebeln, klein geschnitten
- 3 Knoblauchzehen, durchgepresst
- 2 Lorbeerblätter
- 250 ml Sahne
- 1 EL Mehl
- 2 TL Currypulver
- 1 Schuss trockener Weißwein
- 1 Prise Süßungsmittel (Zucker oder Erythritol)
- 1 Bd. Schnittlauch, in feine Röllchen geschnitten
- Salz und Pfeffer

1 Die Miesmuscheln waschen, offene und beschädigte Muscheln wegwerfen. Intakte Muscheln von Bärten befreien und in einen Topf mit 1/4 Liter Wasser geben. Einen Schuss Weißwein und die Lorbeerblätter dazugeben. Rund 15 Minuten kochen. Gut 1/4 Liter des Suds auffangen, den Rest abgießen. Muscheln im geschlossenen Topf lassen.

2 Zwiebeln und Knoblauch mit der Butter in einem kleinen Topf glasig andünsten. Currypulver dazugeben und mitdünsten.

3 Aus dem Mehl eine Mehlschwitze herstellen und mit dem Muschelsud und der Sahne ablöschen.

4 Mit Salz, Pfeffer, Weißwein und etwas Süßungsmittel abschmecken und sämig einkochen. Über die Muscheln geben, zusammen kurz aufkochen und alles gut umrühren. Mit Schnittlauch bestreuen und servieren.

TIPP

Dazu passt ofenfrisches Baguette oder auch getoastetes Low-Carb- oder Eiweißbrot (Seite 170/171).

Shrimps in Currysoße

2 Portionen

ZUTATEN

- 300 g große Shrimps
- 1 Zwiebel, fein gehackt
- 1 kleine rote Chilischote oder Chiliflocken
- 1 Knoblauchzehe, durchgepresst
- 20 g Ingwer, fein gehackt
- 1 kleine Salatgurke, fein gewürfelt
- 3 Scheiben frische Ananas (wahlweise aus der Dose zuckerfrei), fein gewürfelt
- 1 EL Butter
- 1 EL Currypulver
- 100 ml Gemüsebrühe
- 4 EL Kokusmilch aus der Dose (Rest kann eingefroren werden)
- 1 EL Sojasauce
- etwas frischer Koriander, gewaschen, trocken geschüttelt
- 1 Prise Cayennepfeffer
- Salz und Pfeffer

1 Shrimps entdarmen, waschen und trocken tupfen.

2 Wer es scharf mag, kann eine Chilischote halbieren, entkernen und in feine Ringe schneiden. Ein paar für die Garnitur aufheben. Ersatzweise Chiliflocken verwenden.

3 Butter in einen kleinen Topf geben und darin Zwiebel, Knoblauch und Chilischoten glasig andünsten. Currypulver und Ingwer dazugeben und mit der Gemüsebrühe und der Kokosmilch einmal aufkochen. Die Shrimps, Gurken- und Ananaswürfel und die Shrimps dazugeben und 5–6 Minuten bei niedriger Temperatur mitdünsten.

4 Mit Salz, Pfeffer, Cayennepfeffer und Sojasoße abschmecken und mit frischen Korianderblättern servieren.

Eier in Sojasoße à la mer

2 Portionen

ZUTATEN

- 8 Eier, hart gekocht
- 1 EL Reisessig
- 2 EL Sojasoße
- Eine Prise Zucker oder Süßungsmittel
- 1 TL Sambal Oelek

DRESSING

- Frischkäse
- Oliven
- frische Kresse
- Lachsrogen aus dem Glas
- gekochte Shrimps in Lake
- kleine Gewürzgurken

1 Abgekühlte harte Eier schälen. Essig, Sojasoße, Sambal Oelek und Süßungsmittel gut miteinander verrühren.

2 Die Eier zusammen mit der Marinade in einen großen Frischhaltebeutel legen und für mindestens 2 Stunden einlegen. Den Beutel ab und zu bewegen, damit die Eier von allen Seiten gut benetzt werden.

3 Eier aus der Marinade nehmen, der Länge nach halbieren und auf einem Teller anrichten. Etwas Marinade auf die Eierhälften geben.

4 Frischkäse darauf verteilen und nach Lust und Laune mit Shrimps, Lachsrogen und Kresse belegen.

5 Gewürzgurken und Oliven dazu reichen.

TIPP

Eier in Sojasoße schmecken köstlich und können als Vorspeise oder zu Salat gegessen werden.

Japanischer Glasnudelsalat mit Shrimps

ZUTATEN

250 g große Garnelen (wahlweise auch Hähnchengeschnetzeltes)
200 g Shirataki-Nudeln
2 EL feines Sesamöl
3 EL Gemüsebrühe
3 EL Fischsoße (Asialaden)
6 EL Limettensaft
1 EL Nam Prik Paw (geröstete Chilipaste aus dem Asialaden)
1 St. frischer Ingwer, sehr fein gehackt
2 Knoblauchzehen, durchgepresst
4 Frühlingszwiebeln, in feine Ringe geschnitten
1 große Karotte, fein gerieben
4 Stangen Thai Staudensellerie, fein gehackt (Asialaden), oder ersatzweise 2 Stangen Staudensellerie, in feine Stückchen geschnitten
1 Bd. frischer Koriander, fein gehackt
eventl. 2 EL geröstete Erdnüsse

4 Portionen

1 Shirataki-Nudeln kurz in kaltes Wasser legen und dann in einem Sieb abtropfen lassen.

2 Sesamöl in einer Pfanne erhitzen, Frühlingszwiebel, Knoblauch und Shrimps anbraten, Ingwer dazugeben und mit der Brühe ablöschen.

3 Fischsoße, Limettensaft und Chilipaste verrühren und in die Pfanne geben, kurz aufkochen. Vom Herd nehmen und die Nudeln unterrühren.

4 Sellerie und Karotte dazugeben und mit Koriander und gerösteten Erdnüssen garnieren.

TIPP

Shirataki-Nudeln werden aus der Konjakwurzel hergestellt und sind weizenfrei. Ihre Anwendung ist sehr vielseitig und außerordentlich gesund, da ihr Kohlenhydratanteil sehr gering ist und den Blutzucker nicht erhöht. Es gibt sie auch mit Tofu versetzt, sie ähneln dann unseren bekannten Hartweizennudeln.

Asiatische Buchweizennudeln mit Jakobsmuscheln

2 Portionen

ZUTATEN

- 150 g Soba-Nudeln (Soba = japanisches Wort für Buchweizen)
- 200 g Jakobsmuscheln (ersatzweise 200 g Shrimps)
- 2 Frühlingszwiebeln, gewaschen, geputzt und in Ringe geschnitten
- 1 Knoblauchzehe, in dünne Scheiben geschnitten
- 100 g Zuckerschoten (alternativ 125 g grüner Spargel oder Brokkoli)
- 1 rote Chilischote, halbiert, entkernt und in feine Ringe geschnitten
- 1 kleines Stück Ingwer, geschält und klein geschnitten
- 3 EL Sojasoße
- 1 EL Limettensaft
- 1 Prise Süßungsmittel
- 1 TL schwarze Sesamsamen
- 1 1/2 EL Austernsoße
- 1/2 EL Erdnussöl (oder Sesamöl)

1 Frühlingszwiebel, Knoblauch und Chilischote mit Öl in einer Pfanne andünsten. Jakobsmuscheln oder Shrimps dazugeben und 5 Minuten weiter braten.

2 Austernsoße, Sojasoße, Limettensaft und eine Prise Süßungsmittel in 75 ml Wasser verrühren und mit den Zuckerschoten in die Pfanne geben. Alles etwas einkochen. (Sollten Sie Brokkoli verwenden, diesen vorher in Röschen zerpflücken und einige Minuten in Salzwasser blanchieren.)

3 Sobanudeln in Salzwasser einige Minuten kochen (siehe Packungsbeilage), kalt abschrecken und in einem Sieb abtropfen lassen.

4 Sesamsamen ohne Öl in einer Pfanne leicht anrösten.

5 Nudeln zu der Pfanne mit den Jakobsmuscheln geben und durchmischen. Auf zwei Tellern anrichten und mit dem Sesam bestreuen.

TIPP

Für größeren Hunger nehmen Sie 250 g Soba-Nudeln. Diese Nudeln können Sie mit den verschiedensten Pastasoßen machen. Sie sind eine gut schmeckende Alternative zu Weizennudeln und für Glutenallergiker geeignet.

Eiweißbrot

Für eine Kastenform

ZUTATEN

- 250 g Weizengluten
- 1 gestr. EL Roggenmehl
- 360 ml lauwarmes Wasser
- 1 EL feine Haferflocken
- 2 EL Leinsamen
- 1 EL Sesam
- 1 Beutel Trockenhefe (ca. 5–7 Gramm)
- 1/2 TL Salz

1 Alle Zutaten gut verrühren, Wasser nach und nach hinzufügen und den Teig gut durchkneten.

2 Teig ca. 45 Minuten an einem warmen Ort gehen lassen.

3 Teig kurz durchkneten und in eine gefettete Kastenform geben.

4 Noch einmal kurz gehen lassen, danach das Brot 45 Minuten bei 170 °C backen.

5 Das Brot ist fertig, wenn beim Hineinstechen mit einem Holzspieß oder Zahnstocher kein Teig mehr hängenbleibt.

TIPP

Sollten Sie unter einer Glutenunverträglichkeit leiden, ist das Rezept für Sie nicht geeignet. Probieren Sie das Essener-Brot, welches aus gesprossenem Getreide hergestellt wird. Weizengluten bekommen Sie im Reformhaus oder übers Internet.

Low-Carb-Brot

Für eine Kastenform

ZUTATEN

- 200 g Weizengluten
- 50 g Dinkelvollkornmehl, fein geschrotet
- 50 g Mandelmehl, wenn möglich, entölt
- 400 ml lauwarmes Wasser
- 1 EL feine Haferflocken
- 2 EL Leinsamen
- 2 EL Sonnenblumenkerne
- 2 EL Sesam
- 1 Würfel Hefe oder 2 Tüten Trockenhefe
- 1/2 EL Zucker
- 1 TL Salz

1 Alle Zutaten gut verrühren, Wasser nach und nach hinzufügen und den Teig gut durchkneten.

2 Teig ca. 45 Minuten an einem warmen Ort gehen lassen.

3 Teig kurz durchkneten und in eine gefettete Kastenform geben.

4 Noch einmal kurz gehen lassen, danach das Brot 45 Minuten bei 170 °C backen.

5 Das Brot ist fertig, wenn beim Hineinstechen mit einem Holzspieß oder Zahnstocher kein Teig mehr hängenbleibt.

TIPP

Frisch oder getoastet schmeckt das Brot besonders gut. Sollten Sie es nicht schnell aufbrauchen, frieren Sie das Brot scheibenweise ein.

Wenn Sie bei der Herstellung von Teig (z.B. Hefeteig) Erythritol verwenden, braucht der Teig etwas länger, um aufzugehen.

Knuspriges Fladenbrot

4–6 Portionen

ZUTATEN

250 g Kamutmehl
250 g Dinkelmehl
1 Würfel Hefe oder 1 Beutel Trockenhefe
1 TL Honig
4 EL Olivenöl
1 TL Salz
1/2 TL Koriandersamen
1 Prise Kreuzkümmel
etwas Mehl zum Ausrollen

1 Backofen auf 220 °C vorheizen (Umluft 200 °C).

2 Koriander und Kreuzkümmel trocken in einer Pfanne rösten, bis sie zu duften beginnen.

3 Mehl, Hefe, Honig und Gewürze mit 300 ml kaltem Wasser gut verkneten. Olivenöl und Salz dazugeben und noch einmal durchkneten. Auf einer bemehlten Arbeitsfläche zu dünnen Fladen ausrollen und auf ein mit Backpapier belegtes Backblech geben.

4 5 Minuten gehen lassen und im vorgeheizten Backofen in 6 Minuten knusprig backen.

TIPP

Die knusprigen Fladen passen zu vielen Gerichten. Der Kamutteig (ohne Koriander und Kreuzkümmel) eignet sich auch als Pizzaboden oder für Focaccias. Die Backzeit beträgt dann 15 Minuten.

Schneller Mürbeteig

Für 1 Quicheboden (Durchmesser 30 cm)

ZUTATEN

- 100 g feines Dinkelvollkornmehl
- 25 g Kamutmehl
- 50 g kalte Butter
- 1 Ei
- 1 Prise Salz

1 Beide Mehlsorten mit Ei, Salz, der kalten Butter und eventuell ein wenig kaltem Wasser schnell zu einem glatten Tag kneten. Den Teig nur kurz kneten, er darf nicht glänzen. Zu einer kleinen Kugel formen.

2 Teig dünn ausrollen, in eine Quicheform geben und mindestens eine Stunde im Kühlschrank ruhen lassen.

3 Backofen auf 200 °C vorheizen.

4 Mürbeteig 10 Minuten backen. Danach können Sie ihn entweder mit süßen oder pikanten Zutaten belegen.

TIPP

Damit der Teig schön mürbe wird, sollte man ihn schnell zubereiten. Kälte sorgt dafür, dass der Teig mürbe und knusprig wird. Der gekühlte Mürbeteig lässt sich gut verarbeiten, wenn man ihn zwischen zwei Lagen leicht bemehlter Küchenfolie gibt und dann ausrollt.

Mürbeteig ca. 10 Minuten ohne Füllung vorbacken und erst dann belegen und fertig backen.

Apfeltarte

Für 1 Tarteform von 30 cm Durchmesser

BODEN

Rezept »Schneller Mürbeteig« auf der vorherigen Seite 174

BELAG

3–4 Äpfel, z.B. Boskop, geschält, geviertelt und in dünne Scheiben geschnitten

1 Ei

1 Schote frische Vanille oder 1 Päckchen Bourbon-Vanillezucker

Süßungsmittel, z.B. 4 EL Erythritol

100 ml süße Sahne (fettreduziert)

Vanilleeis (zuckerreduziert, Diäteis oder Joghurteis)

1 Teig nach Anleitung auf der vorherigen Seite zubereiten.

2 Den Backofen auf 220 °C vorheizen.

3 Ei, Sahne, Süßungsmittel und Vanille verrühren.

4 Äpfel auf dem Teig verteilen und Sahnemischung darüber gießen.

5 Für ca. 20 Minuten im Ofen bei 200°C backen. Die Backzeit hängt von der Dicke des Teiges ab. Je dünner der Teig, desto kürzer die Backzeit.

6 Mit Vanilleeis servieren.

TIPP

Sehr gut schmeckt die Tarte auch, wenn Sie statt der Äpfel dünn geschnittene Birnen verwenden.

Mallorquinischer Mandelkuchen

4 Portionen

ZUTATEN

- 250 g Mandelmehl
- 250 g Puderzucker
- 8 Eier
- 1 Vanilleschote
- geriebene Schale 1 Orange
- 1 Prise Zimt
- 1 Prise Salz

1 Backofen auf 180 °C Ober-/Unterhitze vorheizen.

2 Eier trennen. Eidotter und Puderzucker mit dem Rührgerät schaumig schlagen. Mandelmehl unterheben.

3 Eiweiß steif schlagen.

4 Orangenschale fein raspeln, Vanilleschote aufschneiden und Mark herauskratzen, beides in den Teig geben. Zimt und 1 Prise Salz dazu geben.

5 Den Teig in eine Springform geben und 45 Minuten backen. Ofentür während des Backens nicht öffnen. Nach Ende der Backzeit Ofen ausschalten und Kuchen 5–10 Minuten bei geöffneter Tür im Herd ruhen lassen.

6 Kuchen herausnehmen, auskühlen lassen, stürzen und mit Puderzucker bestreuen.

TIPP

Sollten Sie kein Mandelmehl zur Hand haben, können Sie auch geschälte gemahlene Mandeln verwenden. Der mallorquinische Mandelkuchen schmeckt besonders gut, wenn Sie ihn erst am nächsten Tag essen. Wer möchte, kann statt des Puderzuckers Erythritol-Puderzucker verwenden.

Käsekuchen ohne Teig

Für eine Springform (Durchmesser 24 cm), ergibt 12 Stücke

ZUTATEN

- 125 g weiche Butter
- geriebene Schale 1 Limette
- 250 g Puderzucker (vorzugsweise Puderzucker aus Erythritol), etwas Puderzucker zum Bestäuben
- 1 Prise Salz
- 5 Eier mittlerer Größe
- 1 kg Magerquark
- 2 Pck. Sahne-Puddingpulver
- 150 g Schlagsahne

1 Ofen auf 175 °C vorheizen, Umluft 150 °C.

2 Butter, Limettenschale, Puderzucker und Salz schaumig rühren. Eier dazugeben, einige Minuten verrühren. Quark, Puddingpulver und Sahne dazugeben und gut verrühren. Form mit Backpapier auslegen und Masse hineinfüllen.

3 Normalerweise benötigt der Kuchen 120 Minuten bei 150 °C. Der Kuchen gelingt dann besonders gut, wenn man die Backzeit 4 Mal durch eine 10-minütige Ruhezeit unterbricht. Nach 30 Minuten holt man den Kuchen zum ersten Mal aus dem Ofen und läßt ihn 10 Minuten abkühlen. Wieder in den Ofen geben und 20 Minuten weiterbacken, dann wieder 10 Minuten Pause und so weiter. Das garantiert, dass der Käsekuchen nicht zusammenfällt und sich die Käsemasse gleichmäßig setzt. Die Gesamtzeit ergibt dann 2 Stunden und 40 Minuten. Nach dieser Zeit ist der Kuchen fertig.

4 Mit einem Messer den Rand lösen und ihn in der Form abkühlen lassen. Mit Puderzucker bestäuben.

Panna Cotta mit Beeren

4 Portionen

ZUTATEN

- 100 ml Schlagsahne
- 250 ml Buttermilch
- 3 Blatt weiße Gelatine
- 1 Vanilleschote
- 80 g Erythritol (oder 50 g Zucker oder Stevia)
- 1 Prise Salz
- 300 g verschiedene Beeren nach Wahl (z.B. Rote Johannisbeeren, Heidelbeeren, Himbeeren, Erdbeeren, Brombeeren)
- 1/2 TL Speisestärke

1 Gelatine in kaltem Wasser einweichen.

2 Vanilleschote halbieren und Mark herauskratzen. Buttermilch, Erythritol und Salz in einen kleinen Topf geben, Vanille dazugeben und einmal aufkochen lassen.

3 Ausgedrückte Gelatine dazugeben und mit dem Schneebesen gut verrühren.

4 Sahne steif schlagen und in die abgekühlte Buttermilch geben. Vorsichtig unterrühren. In eine Form füllen und kaltstellen.

5 Beeren vorsichtig waschen und in einem Sieb abtropfen lassen (Tiefgekühlte Beeren auftauen). Die Hälfte der Beeren in einen kleinen Topf mit Süßungsmittel geben und mit etwas Wasser ablöschen. 5 Minuten schwach köcheln lassen.

6 Speisestärke mit etwas kaltem Wasser anrühren und damit die heißen Beeren binden. Durch ein Sieb streichen.

7 Die Beerensauce zusammen mit der gestürzten Creme und dem Rest der Beeren servieren.

Smoothies

2 Portionen

ZUTATEN

- 250 g Heidelbeeren (wahlweise auch Himbeeren, Kiwis, Erdbeeren etc.)
- 400 g fettarmer Quark
- 4 EL Erythritol oder ein paar Spritzer Stevia
- 2 Minzeblättchen

1 Beeren vorsichtig waschen und in einem Sieb abtropfen lassen. Tiefgekühlte Beeren auftauen.

2 Die Beeren oder anderes klein geschnittenes Obst mit den übrigen Zutaten mischen und mit 3 Eiswürfeln in einen Mixer geben.

3 Fein pürieren, in Gläser füllen und sofort servieren. Mit Minzeblättchen garnieren.

TIPP

Smoothies sind sehr gesund und können schnell eine Mahlzeit ersetzen. Sie lassen sich gut mit frischen Mangos, Avocados, Kiwis, Bananen und Ananas im Mixer ohne weitere Zutaten herstellen.

Für die, die es lieber pikant mögen, hier ein schnelles Powerrezept, das viele Vitalstoffe enthält und durch seinen hohen Chlorophyll-Anteil ein wahrer Jungbrunnen ist:
100 ml Karottensaft, 50 ml Pulver aus Weizengrassaft, 2 EL Spirulina oder Chlorella-Algenpulver, ein kleines Stück frischer Ingwer, etwas Apfelsaft (ohne Zucker). Alles im Mixer – fertig!

Hafermüsli mit Früchten

1 Portion

ZUTATEN

3–4 EL Haferflocken
frische Früchte nach Saison und Geschmack
1 EL Sahne oder Joghurt
Süßungsmittel (Erythritol, Stevia oder ein wenig Honig)
1/4 TL Weizenkeimöl
etwas Zimt

1 Früchte waschen, klein schneiden und in ein Gefäß geben.

2 Haferflocken in einen kleinen Topf geben und kurz anrösten.

3 Ein wenig Wasser und die Sahne dazugeben, aufkochen und vom Herd nehmen. Süßungsmittel hinzufügen und über die Früchte geben.

4 Ein paar Tropfen Weizenkeimöl oder Leinöl und etwas Zimt runden das Ganze ab.

TIPP

Hafer enthält Beta-Glukan. Die Flocken binden Flüssigkeit und enthalten jede Menge Ballaststoffe. Der glykämische Index bleibt dabei konstant niedrig.

Schoko-aufstrich

2 Gläser

ZUTATEN

- 200 g reines Kokosnussöl aus erster Pressung. (Kokosnussöl enthält im Unterschied zu anderen Fetten kein Cholesterin.)
- 250 g dunkle Schokolade (mindestens 80%) oder Kuvertüre
- 200 g Haselnüsse, fein gemahlen
- 5 EL Erythritol (es eignen sich auch Xylithol oder Stevia)
- 1 unbehandelte Orange
- 1 Vanilleschote

1 Schokolade oder Kuvertüre im Wasserbad schmelzen.

2 Schale einer halben Orange fein raspeln.

3 Vanilleschote aufschneiden und das Mark herauslösen.

4 Kokusnussöl, Orangenraspel, Haselnüsse und Vanillemark mit der geschmolzenen Schokolade mischen.

5 In Gläser abfüllen und kalt werden lassen. Die kalte Masse wird streichfähig.

6 Im Kühlschrank aufbewahren.

TIPP

Die Schokocreme können Sie vielseitig verwenden, z.B. für Desserts oder Kuchen.

Anhang

Kalorientabelle

Die Kalorientabelle dient Ihnen dazu, den notwendigen Überblick über die erlaubten 500 Kalorien pro Tag zu behalten.

PROTEINE *(100 g, roh, von Fett befreit)*

Rindfleisch	
Brust	262
Filet	121
Steak (mager)	130
Tatar	113

Kalbfleisch	
Brust	131
Filet	111
Schnitzel	112

Geflügel	
Hähnchenfleisch	164
Hähnchenfilet	107
Putenbrust (-schnitzel)	107

Fisch	
Hecht	93
Heilbutt	112
Kabeljau	90
Thunfisch (frisch),	103
Thunfisch in Lake (Dose)	121

Meeresfrüchte	
Garnelen	102
Hummer	88
Jakobsmuscheln	111
Krabben	91
Tintenfischringe (Calamares)	95

Ei	
Eiweiß	19
Eigelb	77

Milchprodukte	
Fettarmer Frischkäse, 100 g	70
Fettarmer Quark, 100 g	46
Fettarmer Joghurt, 100 g	57
Hüttenkäse (1 %), 100 g	73
Seidentofu, 100 g	47

SALAT + GEMÜSE *(100 g, geputzt, roh)*

Salat	
Eisbergsalat	14
Endivie	12
Feldsalat	14
Kopfsalat	12
Radicchio	14
Rucola	27
sonstige Blattsalate	13

Kohlsorten	
Blumenkohl	21
Broccoli	43
Chinakohl	14
Kohlrabi	36
Rotkohl	23
Weißkohl	25
Wirsing	26

Sprossen	
Bambussprossen	18
Sojasprossen (frisch)	52
Pilze	
Austernpilze	11
Champignons	15
Pfifferlinge	11
Steinpilze	20
andere Gemüsesorten	
Artischocke	22
Aubergine	17
Chicorée	18
Fenchel	25
Frühlingszwiebel	30
Gurke (alle Sorten)	12
Gurke, ganz, ca. 400 g	48
Grüne Bohnen	32
Hokkaidokürbis	24
Mangold	25
Mungobohnen	23
Paprika, rot	35
Paprika, gelb	28
Paprika, grün	19
Pak Choi	14
Petersilienwurzel	20
Sellerie (Stangen-)	17
Sellerieknolle (Wurzel)	40
Spinat	17
Tomate (alle Sorten)	17
Tomate (Cocktail-), 5 St.	9
Tomaten, getrocknet, ohne Öl	64
Radieschen	15
Radieschen, 1 St.	6
Rote Bete, gekocht	25
Zucchini	19
Zwiebeln (alle Sorten)	27
Zwiebel, 1 kleine	8

OBST *(100 g verzehrbarer Anteil, geputzt)*

Apfel (sauer)	52
Blaubeeren	36
Erdbeeren	32
Grapefruit	50
Heidelbeeren	42
Orange	43
Orangensaft (frisch), 100 ml	44
Papaya	43
Rhabarber	21
Zitronensaft (frisch), 100 ml	27

SNACKS *(Achten Sie auf die Produktangaben!)*

1 Scheibe Knäckebrot	20–40
1 Stange Grissini	ca. 40

GEWÜRZE + KRÄUTER *(wie angegeben)*

Sojasoße, 1 Esslöffel	11
Essig (alle Sorten, zuckerfrei)	20
Gewürze (getrocknet), 1 Teelöffel	3
Kräuter (frisch), Portion 5 g	3
Tabasco, 100 ml	70
Sambal Oelek, 1 Teelöffel	7
Ingwer, 1 Teelöffel	2
Knoblauchzehe	2
Gemüsebrühe (fettfrei), 100 ml	3
Senf (alle Sorten), 1 Teelöffel	4
Meerrettichsoße (Konserve), 100 g	53
Tomatenmark, 1 Teelöffel	4
Wasabi (Paste), 100 g	158–265

Werte aller Tabellen aus »Ernährung mit Spaß und Maß«, Lebensbaum Verlag, 2006, dem Bundeslebensmittelschlüssel 3.01 oder von Produktangaben.

Rezepte im Überblick

Nützliche Links

Website Anne Hild:
www.hormony.de

Bezugsquellen für Tropfen, Vitamine Vitalstoffe und Proteine:
www.hormonyshop.de
www.hormovita.de
www.hcg-tropfen.de

Bildnachweise

1 Erdbeere (Titel) © Roman Sigaev | fotolia.com
4 Markt © Hans Lindner-Emden
6 Hild Markt © Hans Lindner-Emden
9 diverse Marktbilder © Hans Lindner-Emden
11 Gemüse © Hans Lindner-Emden
15 Tropfen © seen | fotolia.com
17 Cashewkerne © volff | fotolia.com
21 Steak & Zwiebeln © unpict | fotolia.com
23 gehackte Kräuter © enzo4 | fotolia.com
25 Gewürze © Elenathewise | fotolia.com
31 diverse Marktbilder © Hans Lindner-Emden
32 Orangen © Hans Lindner-Emden
34 Selleriesuppe mit Apfel © marcomayer | istockphoto.com
35 Asia-Kohlsuppe © Ina Peters | istockphoto.com
36 Zucchini-Creme-Suppe © StefanieB. | fotolia.com
37 Tomaten-Suppe © Annett Seidler | fotolia.com
38 Asiatische Fischsuppe © martellostudio | istockphoto.com
39 Wärmende Hühnersuppe mit Fenchel © StefanieB. | fotolia.com
40 Apfel-Sellerie-Dip © ExQuisine | fotolia.com
41 Obatzter mit Frischkäse © victoria p. | fotolia.com
42 Italienischer Dip © Hans Lindner-Emden
43 Tsatsiki © humonia | istockphoto.com
44 Meerrettich-Soße © photocrew | fotolia.com
45 Sämige grüne Soße © Chris Gramly | istockphoto.com
46 Tomaten-Ketchup © photocrew | fotolia.com
47 Frischkäse-Dips © Sarsmis | istockphoto.com
48 Erdbeer-Spargel-Rucola-Salat © jurajkovac | fotolia.com
49 Erfrischender Salat aus Marokko © Dani Vincek | fotolia.com
50 Fenchelsalat mit Orange © Agfoto | istockphoto.com
51 Mallorquinischer Trampo-Salat © nmelnychuk | fotolia.com
52 Orangen-Chicorée-Salat mit Hüttenkäse © Hans Lindner-Emden
53 Rotkohl-Salat © Colin & Linda McKie | istockphoto.com
54 Feldsalat mit gebratenen Pfifferlingen © Daniel Etzold | fotolia.com
55 Austernpilze mit Tomatensoße © Yvonne Bogdanski | fotolia.com
56 Spargelsalat © ExQuisine | fotolia.com
57 Waldorfsalat © fox17 | fotolia.com
58 Zucchini-Spaghetti mit Pilzen © Hans Lindner-Emden
59 Zucchini-Spaghetti z.B. mit Tomatensoße © James Chou Photography | istockphoto.com
60 Blumenkohl-Curry © lada10 | fotolia.com
61 Gefüllte Zucchini © Ildi Papp | fotolia.com
62 Zucchini-Salat © Yvonne Bogdanski | fotolia.com
63 Gefüllte Auberginen © Blinztree | fotolia.com
64 Ratatouille © Joern Rynio | istockphoto.com
65 Kresse-Gurken-Drink © Maxim Khytra | fotolia.com
66 Gefüllte Tomaten mit Hüttenkäse © billberryphotography | stockphoto.com
67 Selleriegemüse © Dzinnik Darius | fotolia.com
68 Indischer Spinat mit Ei © Marco Mayer | fotolia.com
69 Kräuter-Omelette © tycoon101 | fotolia.com
70 Orientalischer Hähnchensalat © DebbiSmirnoff | istockphoto.com
71 Salat mit scharfem Hühnchen und Tofudressing © Jacek Chabraszewski | fotolia.com
72 Sommersalat mit gegrillter Pute © ExQuisine | fotolia .com
73 Salat mit mariniertem Rindfleisch © Boris Ryzhkov | fotolia.com
74 Grüne Bohnen mit Roastbeef © Viktor | fotolia.com
75 Geräucherte Hühnerbrust mit Romanasalat und Tofu-Salatdressing © tycoon101 | Fotolia
76 Arabisches Hähnchen © Rod Wonglikitpanya | fotolia.com
77 Hähnchen-Curry © martinturzak | istockphoto.com

78 Hähnchenbrust M. Selleriepüree © monica-photo | istockphoto.com
79 Huhn mit Ingwer-Orangen-Soße © Naheed Choudhry | istockphoto.com
80 Kalbfleisch Florentiner © Hans Lindner-Emden
81 Rotkohl mit Senfhühnchen © Hans Lindner-Emden
82 Gefüllte Kohlrouladen © dabjola | istockphoto.com
83 Hackfleisch mit Kräuterquark © manulito | fotolia.com
84 Gegrillte Hähnchenspieße © Rgtimeline | istockphoto.com
85 Hackfleisch mit Sauerkraut © Hans Lindner-Emden
86 Hähnchen aus dem Ofen © gbh007 | istockphoto.com
87 Wokgemüse mit Rindfleisch © joshua a resnick | fotolia.com
88 Salade Niçoise © Jacek Chabraszewski | fotolia.com
89 Gegrilltes Fischfilet mit Salsa © woodstock | istockphoto.com
90 Fisch mit Fenchel und Grapefruit © Maria Raz | fotolia.com
91 Fisch mit Tomaten und Basilikum © HeikeRau | istockphoto.com
92 Forelle mit Gurke und Rettich © Hans Lindner-Emden
93 Marinierter Fisch auf Gemüse © cobraphoto | fotolia.com
94 Fisch auf Pak Choi © vichie81 | fotolia.com
95 Zanderfilet auf Selleriegemüse © ExQuisine | fotolia.com
96 Thunfisch-Sashimi © AUDRIUS MERFELDAS | fotolia.com
97 Gefüllte Gurke mit Shrimps © M.studio | fotolia.com
98 Jakobsmuscheln mit Bohnen und Tomaten © Alexandralaw1977 | istockphoto.com
99 Omelette asiatischs © Hans Lindner-Emden
100 Rote Bete Carpaccio mit Shrimps © Hans Lindner-Emden
101 Scharfe Shrimps mit Wasabi © Shaiith | istockphoto.com
102 Shrimps mit Salat u. Erdbeerdressing © Vitalii Netiaga | fotolia.com
103 Meeresfrüchte-Salat © kab-vision | fotolia.com
104 Salat mit Tintenfisch © Sarsmis | istockphoto.com
105 Garnelen-Pfanne mit Salat an Frenchdressing © HLPhoto | fotolia.com
106 Gekochte Shrimps mit Barbecue-Sauce © timolina | fotolia.com
107 Shrimps-Cocktail © fotos4u | fotolia.com
108 Rhabarber-Apfelkompott © Christian Jung | fotolia.com
109 Heidelbeerquark © inerika | istockphoto.com
110 Erdbeer-Baiser © victoria p. | fotolia.com
111 Frozen-Joghurt mit Zitronen-Minze-Soße© Africa Studio | fotolia.com
112 Apfelmus mit Hüttenkäse © Anne Hild
113 Frühstück © M.studio | fotolia.com
114 Gemüse © Hans Lindner-Emden
116 Katalanische Linsensuppe © Anne Hild
117 Schnelle raffinierte Karottensuppe © emmi | fotolia.com
118 Kürbis-Suppe © Lesyy | istockphoto.com
119 Weißer Bohneneintopf © Martin Rettenberger | fotolia.com
120 Zitronen-Orangen-Chutney © Africa Studio | shutterstock.com
121 Hollandaise aus Buttermilch © Corinna Gissemann | fotolia.com
122 Gewürze © svehlik | istockphoto.com
123 Arabisches Vorspeisenbuffet (Minztee) © clearandtransparent | istockphoto.com
124 Auberginenpüree © DebbiSmirnoff | istockphoto.com
125 Hummus mal anders © fudio | fotolia.com
126 Tabbouleh © M.studio | fotolia.com
127 Karottenpüree mit Schafskäse © Hans Lindner-Emden
128 Guacamole © JJAVA | fotolia.com
129 Asia-Sommersalat mit Melone © fotokostic | istockphoto.com
130 Tomaten-Mango-Mozzarella-Salat © Hans Lindner-Emden
131 Avocado-Birnen-Salat © Anne Hild
132 Lauwarmer Salat mit Bulgur und Halloumi © Hans Lindner-Emden
133 Lauwarmer Gemüsesalat © Hans Lindner-Emden
134 Bohnenpüree mit geschmolzenen Tomaten © Hans Lindner-Emden
135 Blumenkohl mit Zucchinipesto © milka-kotka | fotolia.com
136 Linsenbratlinge mit Curry-Mayonnaise © Viktor | fotolia.com
137 Sauerkraut-Fenchel-Tarte © ElenaKo | shutterstock.com
138 Schafskäse-Terrine mit Paprika © Hans Lindner-Emden
139 Pilze mit Kichererbsenpüree © Hans Lindner-Emden
140 Kürbis-Curry © Sarsmis | istockphoto.com
141 Kürbis aus dem Backofen © Anne Hild
142 Überbackener Mozzarella mit Tomaten und Oliven © Anne Hild
143 Zucchini-Spaghetti mit Pesto © Wiktory | istockphoto.com
144 Selleriepüree © M.studio | fotolia.com
145 Low-Carb-Kräuter-Käse-Quiche © Fanfo | fotolia.com
146 Pellkartoffeln mit Ei und Quark © Simone Voigt | fotolia.com
147 Eier in Kresse-Soße mit grünem Salat © petrabarz | fotolia.com
148 Hähnchenfilet mit Paprika-Mango-Salsa © Hans Lindner-Emden
149 Hähnchen in Maroni-Pilzsauce © Anne Hild
150 Libanesisches Rindfleisch mit Linsen © Hans Lindner-Emden
151 Zucchini-Spaghetti mit Chili-Rindfleisch-Sauce © kameramann | fotolia.com
152 Gratiniertes Rinderfilet mit Tomaten und Parmesan © Hans Lindner-Emden
153 Steak mit Röstzwiebeln © Lucky Dragon | fotolia.com
154 Schnitzel mit weißen Bohnen © Hans Lindner-Emden
155 Japanisches Rindertatar-Nigiri mit Ei © Hans Lindner-Emden
156 Feigen mit Schinken © HLPhoto | fotolia.com
157 Schnelles Vitello Tonnato © Bernd Juergens | fotolia.com
158 Salat mit Fisch und Sesamdressing © Hans Lindner-Emden
159 Forelle auf Rote-Bete-Salat © Hans Lindner-Emden
160 Fisch mit roter Mojo-Soße © balono | istockphoto.com
161 Schnelles Lachstartar © Hans Lindner-Emden
162 Matjes mit Bohnen und Kartoffeln © Jacqueline Abromeit | shutterstock.com
163 Gebratene Thunfischsteaks © svariophoto | istockphoto.com
164 Lachsterrine © Anne Hild
165 Miesmuscheln à la Paris © Jean-Luc GIROLET | fotolia.com
166 Shrimps in cremiger Currysoße © kab-vision | fotolia.com
167 Eier in Sojasoße à la mer © Anne Hild
168 Japanischer Glasnudelsalat mit Shrimps © bonchan | istockphoto.com
169 Asiatische Buchweizennudeln mit Jakobsmuscheln © dana2000 | istockphoto.com
170 Eiweißbrot © Jaroslaw Kochanowicz | fotolia.com
171 Low-Carb-Brot © Iris Muecke | fotolia.com
172 Knuspriges Fladenbrot © AnjelaGr | istockphoto.com
173 Schneller Mürbeteig © Joerg Beuge | istockphoto.com
174 Apfeltarte © anjelagr | fotolia.com
175 Mallorquinischer Mandelkuchen © ajafoto | istockphoto.com
176 Käsekuchen ohne Teig © donstock | istockphoto.com
177 Panna Cotta mit Beeren © mpessaris | istockphoto.com
178 Smoothies © Katia Vasileva | fotolia.com
179 Hafermüsli mit Früchten © Anne Hild
180 Schokoaufstrich © Mi.Ti. | fotolia.com
181 Schokoerdbeere © doris oberfrank-list | fotolia.com
182 Gemüse © Hans Lindner-Emden

Gesund und vital

Ein Buch voll lebenswichtiger Informationen zu Mikronährstoffen, die unsere Zellen vor Umweltgiften schützen.

Mit großer Fachkenntnis vermitteln Bodo Kuklinski und Ina van Lunteren dem Leser Hilfe zur Selbsthilfe und zeigen einen eigenverantwortlichenUmgang mit Vitaminen, Mineralien und Spurenelementen, die helfen können, Umweltgifte zu neutralisieren und den Körper gesund und vital zu erhalten.

Ein wichtiges Buch, welches neue, nebenwirkungsfreie und für den Leser kostengünstige Möglichkeiten eröffnet.

Dr. med. Bodo Kuklinski
Gesünder mit Mikronährstoffen
Zellschutz mit Anti-Oxidantien
376 Seiten, Broschur
ISBN 978-3-89901-386-3